Mira Nubia
Ellis

16/10/99

MIRIAM, LA MUJER GALILEA

Bilingual Edition

MIRIAM
LA MUJER GALILEA

J. JUAN DIAZ VILAR, S.J.

Prólogo por
James A. Hickey, Arzobispo de Washington

ST. PETER'S COLLEGE
Jersey City, N.J.

Nihil Obstat: Otto L. García, Pbro., J.C.D.
Diocesan Censor

Imprimatur: Francis J. Mugavero, D.D.
Bishop of Brooklyn

Brooklyn, New York, November 9, 1981

Imprimi Potest: Joseph C. Towle, S.J.

Praep: Prov. Neo-Eboracensis

Library of Congress Catalog No.: 81-85355

ISBN number: 0-939832-03-8

Traducción al inglés por:
Me. Ma. de la Pasión Sheehan de S.J. y Diana E. Escudero

Cubierta: Gloria Ortiz

Primera Edición: Febrero 1982
Segunda Edición: Octubre 1982
Tercera Edición: Marzo 1996
Cuarta Edición: Agosto 1998

Impreso por
Spanish-American Printing Corp.
New York, N.Y. 10011

Indice

Index

Prólogo

Todos los países, todos los pueblos que han recibido el mensaje evangélico, tienen su propia historia de amor y devoción a la Virgen Madre de Dios. "Tú eres el orgullo de nuestra raza". Esta devoción nació en la época de los evangelios; en los Hechos de los Apóstoles leemos que la comunidad cristiana, que se estaba formando, vivía unida en armonía, con un solo corazón y una sola alma, poniendo en común todo lo que tenían, fieles a la enseñanza de los Apóstoles, en el partir del pan y en oración constante (Hechos 2:44). Ciertamente uno de los factores que contribuyó a la formación de una comunidad tan íntima, casi utópica fue la devoción que tuvieron a María, su presencia amorosa y su sabiduría evangélica. Las palabras de Jesús pronunciadas en el dolor desde la cruz resuenan en nuestros corazones: "He aquí a tu Madre" (Juan 19:27). El evangelio nos dice que el discípulo amado tomó a María consigo después de la crucifixión. "La recibió en su casa" es una frase tan lacónica pero que significa tanto. Pedro, a quien siempre asociamos al Discípulo Amado, debió haber visitado con frecuencia a María en su nuevo hogar. Después del martirio de Esteban y de la gran persecución de la Iglesia en Jerusalén, podríamos preguntarnos: ¿de dónde sacaron fuerza los Apóstoles? Ciertamente fue con María la Madre de Jesús. Así como en el nacimiento de Cristo, el nacimiento de la Iglesia tuvo lugar en medio de las tribulaciones y persecuciones. La profecía de Simeón "Y una espada de dolor atravesará tu corazón" (Lucas 2:35), se cumple en María, la Madre de Jesús y Madre de la Iglesia.

Para los pueblos de América Latina, María los acompaña en su peregrinación de fe. En el sufrimiento humano, María es una señal de esperanza. Cada grupo le da un título especial, una apariencia exterior que distingue a la Virgen según se la venera en su Iglesia local. En Puerto Rico, es Nuestra Señora de la Providencia; para los cubanos, Nuestra Señora de la Caridad del Cobre; los dominicanos tienen la Virgen de Altagracia; los argentinos, Nuestra Señora de Luján; los hondureños, Nuestra Señora de Suyapa. Todas las riquezas de estas diferentes tradiciones convergen en la figura de Miriam, la joven judía que dijo "sí a Dios" y con su fe introdujo la era mesiánica.

Durante este año de los 450 años de la aparición de Nuestra Señora de Guadalupe es muy apropiado que se publiquen libros sobre María, especialmente libros dirigidos al pueblo latinoamericano, tan devoto de la Madre de Dios. Este pequeño tomo del Padre Juan Díaz Vilar, S. J., responde a una necesidad vital, la de reiterar en términos populares quién es María, cuál es su papel en la iglesia, por qué el pueblo católico tiene tanta veneración a la "Virgencita".

Esta rica herencia necesita una renovación constante para que la figura de María—una mujer de carne y hueso— siga inspirando y sea siempre un signo de esperanza para los católicos de hoy.

La naturaleza popular de este libro, así como sus explicaciones apologéticas de la auténtica doctrina Mariana, hacen de este volumen una importante contribución a la vida de los católicos, que con tanta frecuencia, encuentra retos a su fe en forma de parodias y críticas a su devoción Mariana. Este libro, con su profunda doctrina y claras explicaciones de la fe católica, será tan consolador para nuestro pueblo como fueron para José las palabras del Angel en el Evangelio de Mateo: "No temas llevar a tu casa a María tu esposa' (Mateo 1-20). José no vaciló en recibir a María y con ella a Cristo a quien llevaba en su seno. Que todos nosotros como José, y más tarde Juan, reconozcamos la importante misión de María y le abramos nuestros corazones; ella nos llevará siempre a su Hijo y nos hará el mismo desafío "Haced lo que El os diga" (Juan 2:5).

James A. Hickey,
Arzobispo de Washington

Diciembre 12, 1981

Preface

Every country, every people among whom the Gospel has been announced has its own story of love and devotion to the Virgin Mother of God. "Tú eres el orgullo de nuestra raza". This devotion is born in Gospel times, in the Acts of the Apostles where that fledgling Christian community lived together in harmony with one mind and one heart, sharing all their goods in common, faithful to the teaching of the Apostles, the breaking of the bread and to constant prayer. Certainly one of the contributing factors in forming such a close and almost Utopian Community was their devotion to Mary, her loving presence, her Evangelical wisdom. Jesus' "words in pain" uttered from the cross echo in our hearts: "Behold thy Mother". The Gospel tells us that the Beloved Disciple took Mary to his home after the crucifixion. "He received her into his house" is such a laconic phrase, yet this sentence implies so much. Peter so often linked to the Beloved Disciple must have been a frequent visitor to Mary's new found home. After the martyrdom of Stephen and the great persecution of the Church which broke out in Jerusalem, we might ask "Where did the Apostles find their strength?". Certainly it was with Mary the Mother of Jesus. Just as with Christ's birth, the birth of the Infant Church was fraught with tribulations and persecution. Simeon's prophesy "And thy own heart a sword shall pierce" is certainly fulfilled in Mary, the Mother of Jesus and Mother of the Church.

For the people of Latin America, Mary accompanies them in their pilgrimage of faith. In the midst of human suffering Mary is always a sign of hope. Each different group might have some special title, some special garb which distinguishes the Virgen as a venerated in their local Church. In Puerto Rico, she is Nuestra Señora de Providencia; for the Cubans, Nuestra Señora de la Caridad del Cobre; the Dominicans have the Altagracia; the Argentines, Nuestra Señora de Luján; the Hondurans, Nuestra Señora de Suyapa, etc. The riches of these different traditions all converge in the figure of that young Jewish girl Miriam who said yes to God and with her faith ushered in the Messianic age.

During this 450th anniversary year of the apparition of Our Lady of Guadalupe, it is most appropiate that books with Marian themes be published, especially works that are directed at Latin American Catholics who are so devoted to the Mother of God. This little volume of Father Juan Díaz Vilar, S.J. responds to the vital need that exists to restate, in popular terms who Mary is, what her role in the Church is, why she has so long been venerated by Catholics. Our rich heritage needs a constant renewal so that Mary, a flesh and blood woman, will continue to inspire us and be a sign of hope.

The popular nature of this book as well as its apologetical explanations of authentic Marian doctrine make this volume an important contribution to the life of Catholics who often encounter challenges to this faith in the form of parodies and criticism of Marian devotion. This book with its sound doctrine and clear explanations of Catholic faith will be as consoling to our people as were the words of the Angel to Joseph in Matthew's Gospel "DO NOT BE AFRAID TO ACCEPT MARY INTO YOUR HOME". Joseph did not hesitate to receive Mary and with her the Christ in her womb. May all of us like Joseph, and later John, recognize the important role of Mary and open our hearts to her. She will always lead us to her Son, She will forever challenge us: "TO DO WHATEVER HE TELLS YOU."

James A. Hickey,
Archbishop of Washington

December 12, 1981

Presentación

MIRIAM, LA MUJER GALILEA

Quizás este título pueda parecer extraño. ¿A quién nos referimos con este nombre?

Me refiero a una mujer sencilla que nació en una región muy pobre de Palestina: Galilea.

Ella pasó desapercibida en su tiempo, a pesar de ser la madre de aquel "Profeta" llamado Jesús.

Nosotros la llamamos MARIA, pero sus papás, sus parientes y sus vecinos, la llamaban MIRIAM.

María es la traducción al español de su nombre original en hebreo, así como Mary es la misma traducción al idioma inglés. Pero Ella sin traducción, se llamaba MIRIAM.

Alguno podrá pensar que a qué viene esto. Ya se supone que el hebreo no es lo mismo que el español o el inglés.

Con este nombre, no se intenta buscar para María un título original o snobista.

Pienso que a María se la ha llamado, a lo largo de los siglos, con muchos nombres, nombres sublimes y preciosos que expresan la devoción, el amor y la admiración de tantas generaciones. Recordemos por poner un ejemplo, todos los nombres que le damos en las Letanías. Pero, y ¿por qué no llamarla alguna vez del mismo modo que la llamaban sus papás: MIRIAM?

En las páginas de este libro intentamos acercarnos más a aquella mujer galilea. Queremos conocerla mejor por dentro y me parece oportuno comenzar llamándola "familiarmente" MIRIAM.

Pero hay algo más. Creo que es necesario recordar y acentuar en María lo que en ella hay de persona humana, de MUJER.

Nadie negaría que esta es una cualidad esencial de su persona. Pero esa cualidad en medio de tantos nombres y adjetivos gloriosos y maravillosos, que el Pueblo le ha puesto con cariño, entre tantas cualidades y privilegios nacidos de la reflexión de los teólogos, con frecuencia ha quedado, sino olvidada, sí en la penumbra del recuerdo.

Por eso, yo al principio y como introducción de este libro quiero comenzar afirmando que María fue un ser femenino, una MUJER Galilea, que se llamó: MIRIAM.

En estas páginas, no intento decir nada nuevo de María, ni tampoco hacer una ciencia de Ella: una "Mariología". Mi intención es presentar, de un modo sencillo, un retrato y una reflexión sobre MARIA.

En la primera parte, que ha sido publicada ya sustancialmente en el libro "EL DIOS DE NUESTROS PADRES", se presenta a María, desde los datos que poseemos en Evangelio y en la cultura de su tiempo.

En la segunda parte, proponemos algunos de los títulos y privilegios que la Iglesia Católica, movida siempre por el Espíritu Santo, ha descubierto en Ella.

En la tercera parte comenzamos con una reflexión sobre el significado de María para nosotros y terminamos meditando y orando con esta mujer galilea a la que el ángel enviado de Dios saludó así:

"DIOS TE SALVE, MIRIAM"

CAPITULO I

"ME LLAMARAN DICHOSA TODAS LAS GENERACIONES"

Una joven muchacha embarazada, sale de su pueblo y se dirige a las montañas para visitar a su prima Isabel. Si todo embarazo es un misterio, el embarazo de esta muchacha resulta especialmente delicado: José, su prometido esposo, no había cohabitado con María la joven muchacha que camina por las montañas buscando comprensión. Sólo los dos prometidos, José y María, creían firmemente que tal embarazo es obra y gracia del Espíritu de Dios.

Isabel era ya una doña mayor. No había podido tener hijos, pero ahora cuando ya nadie lo esperaba, ni podía creerlo, esperaba ella también un niño.

Isabel y María eran dos buenas mujeres, sencillas, como tantas otras de aquellos pueblos. Una de avanzada edad, la otra muy joven. Nadie se habría fijado en ellas. Dios lo hizo. A Isabel la eligió para ser madre de Juan Bautista, el que iba a preparar el camino para la llegada del Señor. A María la escogió para ser la Madre de Jesús, nuestro Dios salvador encarnado.

Las dos primas se saludan con la ternura y la alegría de las personas sencillas que viven con Dios. Isabel felicita a María y esta jovencita en su respuesta dice entre otras cosas: "Desde ahora todas las generaciones, me llamarán DICHOSA."

¿Fue esta frase, simplemente, palabras de una muchachita de barrio?

¿Qué pensarían sus vecinas si la escucharan? Es posible que la llamaran vanidosa y soñadora.

Pero no, María no se equivocó. Todo sucedió como ella había dicho en casa de su prima, allá en las montañas.

¿Existió alguna mujer en la tierra que haya sido más famosa, más querida que María de Nazareth? ¿Ha habido alguna reina, princesa, artista a la que se hayan hecho más homenajes, monumentos, cantos, imágenes, pinturas...? ¿Alguien que haya recibido más flores?

Si miramos hacia atrás, a través de estos dos mil años que nos separan de ese encuentro entre María e Isabel, deberemos reconocer que la profecía de aquella jovencita pobre, se ha cumplido.

Son dos mil años de murmullo de millones de hombres y mujeres de todas las razas, lenguas y colores, rezando una letanía interminable de alabanzas, llamando a María, "DICHOSA".

Aun los no creyentes, tienen que reconocer este hecho: desde aquel día todas las generaciones han llamado "DICHOSA" a aquella jovencita aldeana.

Pero, además, esto ha ido haciéndose espontáneamente. No fue necesario que las autoridades de la Iglesia lo mandaran. Fue, ante todo, el pueblo el que ha intuido y ha querido alabar de ese modo a María.

Todo esto ha sido verdad a lo largo de los siglos y en los diversos pueblos de la Iglesia Católica, sobre todo, pero no hay duda que entre todos han sido los pueblos hispanos, quizás, los que más se han destacado por llamar "DICHOSA" a María.

Pienso que esta afirmación no es exagerada, ni tampoco es cometer una injusticia con ningún otro pueblo. Es simplemente reconocer un hecho: nuestros padres han vivido el catolicismo llevados de la mano de María, ya desde el comienzo. Nuestra Iglesia es como decían los catecismos "Católica, Apostólica y Romana". Pero para hacer honor a la verdad de la historia, nosotros los hispanos, deberíamos añadir también "MARIANA".

¿Se imaginan ustedes el problema de la persona que hiciera un mapa del continente latinoamericano y de los pueblos de habla hispana, en el que se incluyeran todos los monumentos, santuarios y ermitas dedicados a María?

El primer problema sería la gran dimensión que debería tener ese mapa. Pero la dificultad principal sería ponerlos todos, pues después de mucha investigación es muy posible que nos encontráramos, perdidos en cualquier pueblecito, camino o montaña, muchos sitios dedicados a María que no se habían incluido.

¿Habría algún lugar en la tierra en el que pudieran reunirse todas las mujeres hispanas que tienen un nombre de María?

Y si quisiéramos contar cuántas imágenes y cuadros hay en las casas de las familias hispanas...

Sí, es verdad, nuestros padres han sabido descubrir en María, la mujer de nuestra raza, modelo de fe y de virtudes cristianas.

Algunos piensan que esta devoción a María en nuestros pueblos, ha sido exagerada, pero esto no es verdad. No, nunca sería suficiente nuestro amor a María y nunca podremos decir que es demasiada nuestra admiración por la mujer que Dios ha elegido como Madre suya y también nuestra.

Ciertamente han existido y existen desviaciones en la devoción a la Virgen, y esto sí, debemos tratar de corregirlo. Estas desviaciones vienen, sobre todo, cuando queremos considerar a María como una "diosa", separada de Jesús y de Dios, nuestro Padre. Esto no es bueno porque precisamente María es grande no por sí misma, sino porque Dios la hizo así. Ella misma se lo decía a su prima Isabel:

> "El Todopoderoso ha hecho en mi grandes cosas. Su nombre es Santo."
>
> Lc. 1, 49

Hoy los católicos, deberemos continuar y aumentar nuestras alabanzas, devoción y amor a la Mujer de Nazareth. Pero también deberemos corregir cualquier falsa interpretación o devoción. Deberemos seguir llamándola "DICHOSA". Para esto es necesario que profundicemos más en su vida y en su historia.

Es necesario que vayamos a la Biblia, sobre todo a los Evangelios y busquemos la verdadera realidad, la persona humana de carne y hueso que se llamó María.

CAPITULO II

¿QUIEN FUE MARIA DE NAZARETH?

Los evangelios nos dan muy pocos datos externos de la vida de María. S. Mateo y S. Lucas son los que más hablan de ella sobre todo cuando narran la infancia de Jesús.

Sin embargo, a pesar de tener tan pocos datos, sí tenemos palabras y escenas que son suficientes para que podamos profundizar y conocer mejor el interior de esa mujer a la que también llamamos MADRE.

1. Dios cambia los proyectos de María

María y José estaban prometidos para contraer matrimonio. Seguramente que los dos eran muy jóvenes. Ella es posible que no tuviera más de quince años. Los evangelios no nos dicen nada de su edad, pero esta era la costumbre de aquellos pueblos. Precisamente el hecho; de que los Evangelios no nos digan nada en contra es suficiente fundamento para que podamos suponer que María y José tenían el proyecto de casarse y establecer una familia como otra cualquiera de su época.

Precisamente porque las muchachas solían prometerse cuando eran muy jóvenes, estaban todavía un tiempo en casa de sus padres, antes de comenzar a convivir con su esposo.

María, aunque estaba ya prometida con José, vivía todavía con sus padres. Aquella jovencita pasaría, sin duda, muchos ratos pensando en su futuro matrimonio, sus hijos, haciendo proyectos.

En este tiempo Dios interviene en su vida y le propone otros proyectos en los que nunca había pensado María:

> "Vas a quedar embarazada y darás a luz un hijo, al que pondrás por nombre Jesús." Lc. 1, 31

María no comprende este anuncio de Dios y pregunta:

> "¿Cómo podré ser madre si no tengo relación con ningún hombre?" Lc. 1, 34

La respuesta de Dios debió resultarle muy oscura a aquella muchachito sencilla:

> "El Espíritu Santo descenderá sobre ti y el poder divino te cubrirá con su sombra; por eso tu hijo será Santo y con razón lo llamarán Hijo de Dios." Lc. 1, 34-35

María responde con estas palabras llenas de fe y confianza en Dios, y dejándose adentrar en el misterio que, sin duda, no comprendía:

> "Dijo María: Yo soy la esclava del Señor, que haga en mí lo que has dicho". Lc. 1, 38

2. Conflicto entre la fe y la vida

Si tomamos este episodio superficialmente, nos puede parecer que a María todo le estaba saliendo muy fácil. Pero no fue así.

Aquella muchachito, preñada de Dios y de fe, deberá ahora enfrentarse a la vida. Ella poco a poco va sintiendo en su cuerpo los signos de la maternidad. Ve cómo su vientre se va ovalando.

¿Cómo va a decírselo a sus padres? ¿Podrá creerle su esposo? ¿Qué va a pensar la gente? ¿Será apedreada a las afueras del pueblo, como mandaba la ley, por ser considerada infiel a José?

¡Cuántas preguntas y preocupaciones tuvieron que pasar por su cabeza y por su joven corazón!

Pero Ella ha dicho SI a Dios. Un SI incondicional. Confía en El y no puede hacer más que guardar silencio y sufrir en su soledad de adolescente.

Efectivamente, el Evangelio nos dice que José, al darse cuenta de que su futura esposa estaba embarazada, piensa dejarla. No va a denunciarla porque en él prevalece el amor sobre "el machismo", pero la abandonará.

Sí, tuvieron que ser meses muy duros para aquella pareja. Muchas veces se habrán cruzado sus miradas, las de él, llenas de tristeza e incomprensión, las de ella, llenas de limpieza y misterio. Podían mirarse, pero no podían comunicarse.

Dios interviene y le dice a José que crea a María, que ella no le ha sido infiel; lo que hay en ella es fruto de la absoluta fidelidad a Dios.

> "José, su esposo, era un hombre excelente, y no queriendo desacreditarla, pensó firmarle en secreto un acta de divorcio.
>
> Estaba pensando en esto, cuando el ángel del Señor se le apareció en sueños y le dijo: 'José, descendiente de David, no temas llevar a tu casa a María, tu esposa, porque la criatura que espera es obra del Espíritu Santo. Y dará a luz un hijo, al que pondrás el nombre de Jesús, porque él salvará a su pueblo de sus pecados.'" Mt. 1, 19-21

3. Dios parece ausente

María y José ya están unidos en matrimonio. Dios les ayudó a recuperar su amor y comunicación. Ahora sus miradas, sí pueden encontrarse para perderse unidas en el silencio del misterio de su matrimonio.

Ahora tienen que ir a Belén juntos para inscribirse en el censo. S. Lucas nos lo dice así:

> "En esos días, el emperador dictó una ley que ordenaba hacer un censo en todo el imperio. Este primer censo se hizo cuando Quirino era gobernador de la Siria. Todos iban a inscribirse a sus ciudades. También José, como era descendiente de David, salió de la ciudad de Nazareth de Galilea y subió a Judea, a la ciudad de David, llamada Belén, para inscribirse con María, su esposa, que estaba embarazada." Lc. 2, 1-5

A María le llega la hora de dar a luz. Buscan sitio, piden a Dios que les ayude. Pero los hombres no parecen compadecerse de aquella joven pareja pobre, y Dios parece ausente. Tampoco El parece preocuparse de sus problemas.

> "Cuando estaban en Belén, le llegó el día en que debía de tener su hijo. Y dio a luz a su primogénito, lo *envolvió en pañales y lo acostó en un pesebre*, porque no habían hallado lugar en la posada." Lc. 2, 6-7

Aquella pareja sencilla no se queja y se enfrenta llena de fe y amor al misterio de reconocer a Dios encarnado en una criatura indefensa que llora y duerme en un pesebre.

4. Una familia de emigrantes

El Rey Herodes quiere matar al Niño porque ha oído que será poderoso. María y José tienen que dejar su tierra y emigrar con el niño a Egipto.

Allí habrán tenido que afrontar todas las dificultades de la emigración: discriminación, incomprensión de la lengua, búsqueda de trabajo y vivienda...

Es posible que ante esta situación también ellos se hayan hecho la pregunta que tantas veces nos hacemos nosotros ante las dificultades: ¿Por qué Dios no soluciona los problemas de otro modo? ¿Por qué parece dejarles solos? ¿Por qué tiene que parecer más poderoso Herodes que el mismo Dios? ¿Por qué tanta injusticia?

Pero María y José aceptaban la voluntad de Dios con sencillez. Seguramente que Ella tendría que repetirse muchas veces aquello que unos meses atrás le había dicho a Dios:

"Yo soy la esclava del Señor, que haga en mí lo que has dicho".

5. Crisis de comprensión

No sabemos cuándo volvieron de Egipto. Sólo sabemos que lo hicieron cuando ya no peligraba la vida del niño y que se fueron a vivir a Nazareth.

Cuando Jesús tenía doce años, fueron al Templo como todos los años. Sin duda que fue esta una fecha importante en la conciencia y en el corazón de María:

> "Los padres de Jesús iban todos los años a Jerusalén para la fiesta de la Pascua y cuando cumplió doce años fue también con ellos para cumplir con este precepto. Al terminar los días de fiesta, mientras ellos regresaban, el niño Jesús se quedó en Jerusalén sin que sus padres lo notaran. Creyendo que se encontraba en el grupo de los que partían, caminaron todo un día, y después se pusieron a buscarlo entre todos sus parientes y conocidos. Pero como no lo hallaron, prosiguiendo su búsqueda, volvieron a Jerusalén. Después de tres días lo hallaron en el Templo, sentadò en medio de los maestros de la Ley, escuchándolos y haciéndoles preguntas. Todos los que lo oían quedaban asombrados de su inteligencia y de sus respuestas. Al encontrarlo, se emocionaron mucho y su madre le dijo: "Hijo, ¿por qué te has portado así? Tu padre y yo te buscábamos muy preocupados" El les contestó: "¿Y por qué me buscaban? ¿No saben que tengo que estar donde mi padre?" Pero ellos no comprendieron lo que les acababa de decir. Volvió con ellos a Nazareth, donde vivió obedeciéndoles. Su madre guardaba fielmente en su corazón, todos estos recuerdos."
>
> Lc. 2, 41-51

De nuevo María ante el misterio, tiene que acudir a la fe y al silencio.

Más tarde, no sabemos exactamente cuándo, viene la muerte de su esposo. La muerte puede aceptarse, pero no es fácil de comprender. ¿Por qué Dios la deja más sola ante el misterio de Jesús?

6. La madre de un predicador

Los años de la vida pública de Jesús, tuvieron que ser especialmente ricos, pero también duros para María.

De la alegría y satisfacción de ver cómo su Hijo predicaba y hacía el bien, pronto tema que pasar a la inseguridad y al temor.

Poco a poco va viendo cómo su Hijo es rechazado, sobre todo, por sacerdotes y autoridades religiosas. Sabe que hay intentos de matarle. El primero que conocemos fue precisamente en Nazareth.

De nuevo María tenía que vivir la tensión de su fe: ¿Debería creer lo que predicaba su Hijo o lo que los sacerdotes y fariseos interpretaban?

Ahora más sola que nunca, se enfrenta al misterio en oración y silencio.

Pero además escuchó frases difíciles de comprender para una madre.

Un día, cuando Jesús predicaba, le avisan que están allí su Madre y sus parientes. La respuesta de Jesús, sin duda, sonó dura a María:

"¿Quién es mi madre y quiénes son mis parientes? Y mirando a los que estallan sentados en torno a El, dijo: Aquí están mi madre y mis parientes. Porque todo el que hace la voluntad de Dios, ese es mi hermano, mi hermana y mi madre." (Mc. 3, 33-35).

Evidentemente que esta frase no iba contra María. Ella era la que mejor cumplía la voluntad de Dios, pero, ¿comprendió María esto en aquel momento?

Otro día, una mujer al escuchar cómo hablaba Jesús, exclamó: "Dichosa la que te dio a luz y te amamantó". Jesús le contestó:

> "Dichosos, sobre todo, los que escuchan la palabra de Dios y la practican." (Lc. 11, 27-28)

¿Suponían estas palabras, que Jesús apreciaba más a sus discípulos que a su Madre?

Lo que quiere decir Jesús es que para El lo que vale no es el parentesco carnal, sino hacer la voluntad de Dios, seguir el Evangelio del Padre.

En este sentido María es más dichosa que todos, no por ser la Madre de Jesús, sino por ser "la esclava del Señor", es decir, la que hace todo lo que Dios pide de ella.

Pero deberemos hacernos la misma pregunta de antes: ¿Qué sintió María al escuchar estas frases en boca de su Hijo? No lo sabemos, pero podemos suponer que para ella, como para cualquier madre, debieron resultar duras. Si así fue, habrá tenido que tomar la misma actitud que años atrás había adoptado cuando le encontró en el Templo: Guardar todo esto en su corazón y vivir en silencio el drama de su fe.

7. La madre de un "rebelde blasfemo"

Los momentos más duros de la vida de María, como madre y como mujer de fe, fueron las horas de la pasión y muerte de Jesús.

Los romanos le condenaban por "rebelde", las autoridades religiosas judías, por "blasfemo".

> "Junto a la cruz de Jesús estaba su madre y la hermana de su madre, y también María, esposa de Cleofás, y María de Magdala. Jesús al ver a la madre y junto a ella su discípulo

más querido dijo a la Madre: "Mujer, ahí tienes a tu hijo". Después dijo al discípulo: "Ahí tienes a tu madre". Desde ese momento el discípulo se la llevó a su casa."

JN 19, 25-27

María de Nazaret es ahora una mujer rondando los cincuenta años. Su rostro está curtido por el sol, la pobreza, la soledad y el dolor. Su belleza no es juventud, es sufrimiento y FIDELIDAD.

¿Qué pensaba Ella en esos momentos? Normalmente ante la muerte se siente dolor y se mira al pasado. Sin duda que todos aquellos recuerdos que había ido conservando en su corazón, se juntaron ahora para hacer este momento más incomprensible.

¿Cómo comprender la muerte de un hijo joven, calumniado, azotado, crucificado, acusado de impostor de su religión, traidor a su pueblo...?

¿Qué se dirían al juntarse la mirada de la Madre y del Hijo?, ojos con hambre y sed de justicia, perdidos en el "desierto" del Calvario.

No, María no podía comprender todo aquello, pero no tenía derecho a protestar la que había dado al Padre un SI incondicional. Sólo podía llorar, guardar silencio, y creer en Dios contra toda esperanza.

8. La madre del resucitado

La resurrección de Jesús tuvo que causar en María el mayor gozo que madre alguna haya podido sentir. Los Evangelios no nos dicen nada de ninguna aparición de Jesús a María. Sin embargo esto no quiere decir que no haya habido estas apariciones. En este caso sucede lo mismo que podemos ver a lo largo de los Evangelios, María practica una vez más su "catecismo del silencio".

María es la única Madre que ha podido ver a su Hijo sobrevivir, vencer a la muerte. Aquel cuerpo que había tenido en sus brazos en la cueva de Belén, que hacía unos días lo había tenido de nuevo en su regazo, muerto y destrozado, ahora lo ve glorioso y resucitado.

Cuando le sucede algo bueno o malo a un hijo, normalmente también es como si le sucediera a su madre. Ahora el cuerpo resucitado de Jesús, es algo también de María. Es carne y sangre que Ella engendró y llevó en sus entrañas.

Quizás en estos momentos habrá repetido aquellas palabras que había dicho en su visita a Isabel:

> "Siempre compasivo —el Señor— socorrió a Israel, su servidor, como lo había prometido a nuestros antepasados, a Abraham y a sus descendientes para siempre."

Pero la resurrección de Jesús no sólo era socorro y compasión de Dios, era también triunfo y manifestación del poder del Padre:

"Su nombre es Santo —había dicho también María— y su compasión con los que le temen pasa de padres a hijos. Manifestó su fuerza vencedora, y dispersó a los hombres de soberbio corazón."

Misterio, Vida, Dolor y Esperanza

1. *Para compartir*

¿Cuáles crees que habrán sido los momentos más felices de la vida de María?

¿Cuáles habrán sido los momentos más duros?

En los momentos más duros, María habrá orado al Padre, pero muchas veces El parecía no escucharla.

¿Significa que realmente no la escuchaba?

¿Cuál era la actitud de María?

¿En qué se parece tu vida a la de María?

¿En qué se diferencia?

¿Cuáles son los momentos más dichosos de tu vida?

¿Cuáles son los más duros?

¿Qué piensas cuando oras al Padre y El aparentemente no te escucha?

¿Qué haces?

¿Qué actitud tienes ante la vida?

2. *Celebración de la palabra*

Lectura: Lc. 1, 26-38

CAPITULO III

PALABRAS DE MARIA

Hemos visto que la vida de María está llena de silencios que nos hablan de su fe y su fidelidad. Pero los Evangelios también nos narran algunas palabras cuyas que conviene que recordemos y escuchemos.

1. Palabras de oración

En la Anunciación aparece orando' hablando con Dios: le escucha, le pregunta y acepta su voluntad con un SI incondicional al Misterio.

Más tarde cuando visita a su prima Isabel, la escuchamos en el Magnificat de nuevo en una oración de alabanza y acción de gracias al Padre:

> "Mi alma alaba al Señor y mi espíritu se alegra en Dios, mi Salvador porque se ha dignado mirar a su humilde esclava y desde hoy todas las generaciones me proclamarán dichosa pues el Todopoderoso ha hecho en mí grandes cosas."
>
> Lc. 1, 46-49

Pero también en esta oración María denuncia el pecado de los ricos y anuncia un Dios Liberador de los pobres:

> "Derribó a los pobres de sus tronos
> y elevó a los humildes.
> Llenó de bienes a los hambrientos
> y despidió a los ricos con las manos vacías."
>
> Lc. 1, 52-53

2. Palabras de servicio

Estaba en una boda. Faltaba el vino. Sin duda que era una fiesta de pobres. ¿Creen ustedes que podría faltar el vino si fuera de ricos?

María cae en la cuenta, es sensible a la vergüenza que va a pasar aquella familia amiga. Quiere servir, quiere hacer algo. Se acerca a Jesús y le dice:

"No tienen vino."

Nunca pidió nada para ella, pide para los pobres.

3. El evangelio de María

Si les dijera que María un día predicó, les extrañaría. Sin embargo, es verdad. María un día predicó un "Evangelio". Su sermón fue muy breve, pero en él nos propone todo un programa de lo que tiene que hacer un cristiano, un seguidor de Jesús.

Fue precisamente en las bodas de Caná. Después de exponer a Jesús la falta de vino en la fiesta, a pesar de haber escuchado aquellas palabras de Jesús:

"Mujer, ¿qué nos va a ti y a mí? — Jn. 2, 4

María dice a los servidores:

"Hagan lo que El les diga". — Jn. 2, 5

He aquí todo un programa de vida cristiana. Este es un mensaje de la Madre a la que veneraron nuestros padres en una imagen de tela o madera, con rostro blanco o moreno. Y este es también el mensaje que nos deja a nosotros para que orientemos nuestra vida hacia la honradez, la sinceridad y el amor y orientemos también hacia ahí, la vida de nuestros hijos de generación en generación:

"Hagan lo que El les diga."

Palabras de María

1. *Canto y oración*

2. Dividirse en grupos de unas tres personas e ir recorriendo los Evangelios, fijándose en los pasajes en los que habla María. Cada grupo elige una frase de María que más le impresiona. Después de unos diez minutos se reúne el grupo entero y se hace la discusión dirigida sobre "las palabras de María".

   Textos: Lc. 1, 34; 1, 38; 1, 46-55; 2, 48; Jn. 2, 3; 2, 5.

3. *Celebración de la palabra*

   Lectura: Lc. 1, 39-66

CAPITULO IV

EL CULTO A MARIA

1. Pongamos algunas cosas claras

a. En los últimos tiempos se ha ido acentuando la acusación a la Iglesia Católica, y muy concretamente a los católicos hispanos, de adorar a María, a sus imágenes y a sus pinturas o 'retratos'.

Pero, ¿tiene esta acusación fundamento? ¿Es verdad eso de que se nos acusa? Evidentemente que no. La Iglesia Católica no adora a María, ni a sus imágenes, ni a sus retratos. Todo lo contrario, se prohibe rotundamente cualquier acto de adoración que no se dirija a Dios. Adorar a otro ser, es caer en el pecado de idolatría. Sólo a Dios se le puede adorar; y María no es Dios.

Es verdad que hay personas que, por exceso de amor y falta de cultura religiosa, hacen afirmaciones y practican devociones en las que parecen adorarla. Estos hechos no significan mala voluntad, ni intención de pecado, por parte de las personas que lo hacen. Simplemente es por ignorancia. Pero tampoco significa que la Iglesia Católica lo apruebe. A lo largo de los siglos por medio de los Concilios, de los Papas y de las Catequesis, la Iglesia ha estado constantemente afirmando que a Dios se le adora, a la Virgen, su Madre, y a los santos, sus amigos, se les venera, precisa mente por todo lo que en su vida hay de *imitación y seguimiento de Jesús*.

b. ¿Está mal tener imágenes de la Virgen?

La respuesta es clara: rotundamente NO. Nosotros podemos tener imágenes y "retratos" de María.

Pero, ¿no creen ustedes que esta pregunta en el fondo es demasiado ingenua? ¿Es que tú y yo cuando conservamos la foto de nuestros padres, del hijo que está lejos o que ha muerto, el retrato del día de la boda, los conservamos para adorarlos?

Las fotos, las imágenes, las pinturas... son algo material: papel, madera, mármol, lienzo... Pero pueden ser algo más. La foto de mi madre es un símbolo, detrás del cual se ocultan recuerdos, amor y agradecimiento. Cuando la beso, no soy tan estúpido como para besar simplemente un papel; con los labios sí beso un papel, pero con el corazón, beso todo aquello que está más allá, todo aquello que me acerca a ella y produce en mí, recuerdos y amor. Ante una imagen de María, o una estampa, también puedo ver, más allá de la materia, e intuir todo lo que en Ella existe de limpieza, amor y entrega. Ella me simboliza la mujer buena, llena del Espíritu Santo y elegido por Dios para entregarnos a Jesús.

¿No crees que el besar el retrato de María es también un modo de agradecer a Dios, nuestro Padre, ese misterio maravilloso de haber querido “estar con nosotros, nacido de una Mujer”?

¿Podríamos pensar que Jesús iba a ser tan poco humano, hasta el punto de prohibirnos amar y admirar a su propia Madre?

Decía que la pregunta me parece ingenua. Sí, lo es por que para responderla no es necesario estudiar teología, ni pensar mucho. Basta con que nos dejemos llevar por ese don que Dios nos ha dado y que llamamos SENTIDO COMUN.

Pero, ¿creen ustedes que a Jesús le puede gustar que en nuestros templos, que son su casa, retiremos los recuerdos, las fotos de la mujer que hace dos mil años le trajo al mundo, le dio comida y cariño y le acompañó en el momento más duro, a los pies de la cruz?

¿Significa esto que otros hermanos, que defienden lo contrario, son malos? No. Creo que en este punto deberemos aplicar el mismo criterio que indicábamos antes, ha blando de la gente sencilla que, con amor y sin mala voluntad, adora a María. Pienso que ni los que la adoran, ni tampoco los que la ponen fuera, lo hacen porque sean malos. Nosotros no debemos caer ni en un defecto, ni tampoco en el otro: No podemos adorar a María, pero sí debemos venerarla.

2. ¿Cuándo y por qué comienza en la Iglesia el culto a María?

Dios alaba a María

Tenemos que comenzar afirmando que el primero que tributa alabanzas a María, es el mismo Dios por boca del ángel, cuando la saluda con esas palabras, millones de veces más tarde, repetidas por el Pueblo:

> “Alégrate tú, la Amada y Favorecida; el Señor está contigo .
> (Lc. 1, 28)

Sin embargo las primeras generaciones cristianas no dan culto a María. Todavía en la infancia de aquella comunidad incipiente, no se cae suficientemente en la cuenta de la grandeza de María, como motivo de alabanza y acción de gracias a Dios.

Las comunidades primitivas establecen el culto a los mártires

Los mártires, los que dan la vida por el Evangelio, son los primeros admirados por la primitiva comunidad cristiana. Eran admirados porque eran imitadores de Jesús. Así nacía la devoción a los santos; una devoción que llevaba a la comunidad.

— al deseo de imitarles

— a dar gracias al Padre al poder constatar aquí en la tierra los frutos de la redención del Hijo.

— a pedir que intercedan por los creyentes peregrinos aquí en la tierra, ya que a los santos se les consideraba seguidores de Jesús y cercanos al Padre.

Ya en los Hechos de los Apóstoles encontramos ejemplos de esta imitación. Veamos el paralelismo que existe entre las palabras de Jesús en la pasión y las de Esteban en el martirio:

Hch. 7, 56	Mt. 26, 64
"Vea los cielos abiertos y al Hijo del Hombre puesto a la diestra de Dios."	"...veréis al Hijo del Hombre sentado a la diestra del Todopoderoso..."
Hch. 7, 59	Lc. 23, 46
"Señor Jesús, recibe mi espíritu".	"Padre, en tus manos encomiendo mi espíritu".
Hch. 7, 60	Lc. 23, 34, 46
Gritó en alta voz: "Señor, no les tengas en cuenta este pecado". Y con estas palabras expiró.	v. 46: Jesús gritó en alta voz: v. 34: "Padre, perdónalos..." v. 46: Y con estas palabras expiró.

Lo que nos interesa destacar es que el culto a los santos y más tarde, cómo veremos, a María, no nace de la admiración hacia ellos Sin más. Son venerados por ser seguidores de Jesús, fieles a la gracia del Padre y fuertes por el don del Espíritu.

La comunidad descubre a María

Podemos señalar como el tiempo decisivo del despertar de la devoción mariana los siglos IV-V. Al comienzo, esta devoción es fundamentalmente de alabanza, aunque a veces se da también la intercesión, como en la preciosa oración probablemente del siglo IV, que dice así:

> "Nos acogemos bajo el manto de tu misericordia, Madre de Dios. No desatiendas nuestra oración en la necesidad, sino líbranos del peligro, Tú, que eres la única pura y digna de alabanza."

Debemos indicar que las fiestas marianas van naciendo de la celebración de las fiestas de Jesús, en las cuales Ella aparece unida. Sobre todo, son las fiestas de Navidad las que más influyen en este sentido.

Sin embargo, enseguida, a medida que crece en las comunidades su admiración por esa Criatura, regalo de Dios a nuestra raza, aparecen otras muchas fiestas, algunas de las cuales no se relacionan directamente con SU hijo. Por ejemplo, así aparece la fiesta de la Natividad de María. Pero nunca existe un culto a María añadido al de Cristo, sino que María tiene un lugar especial en el culto a Cristo.

Creo que es digno de notar que este culto a María no nace primero de la Jerarquía de la Iglesia, sino que es, sobre todo, el Pueblo el que primero descubre y expresa su admiración y amor a la Mujer que recibió en su regazo a Dios en la cueva de Belén y más tarde en el Calvario.

María, pronto es considerada la "Santa" más privilegiada, la que está más cerca de Dios para interceder por nosotros. Muy rápidamente las oraciones, las alabanzas y las fiestas marianas se multiplican. Por su parte las autoridades de la Iglesia van a ir estableciendo el calendario de fiestas; al mismo tiempo, se va a ejercer también la función docente, afirmando en los Concilios y en los documentos de los Papas las principales verdades sobre María.

Acerca de la devoción y el culto a María, es digna de des tacar la Exhortación apostólica que publicaba el Papa Pablo VI, el 2 de febrero de 1974 titulada: MARIALIS CULTUS.

Al contemplar todo este proceso uno puede ver como el Espíritu Santo actúa en el Pueblo, que profundiza más y más en el conocimiento de la Madre del Salvador, y en las autoridades de la Iglesia que, movidas por el mismo espíritu, proclaman, más tarde, lo que ya había intuido el Pueblo. Se van cumpliendo en la historia de nuestra comunidad aquellas palabras que Jesús había dicho a los discípulos durante la última Cena:

> "En adelante el Espíritu Santo Intérprete, que el Padre les enviará en mi nombre, les va a enseñar todas las cosas y les va a recordar todas mis palabras." (Jn. 14, 26)

Y también aquellas otras que dijera en otra ocasión:

> "Padre, Señor del cielo y de la tierra, yo te alabo porque has mantenido ocultas estas cosas a los sabios y prudentes y las revelaste a la gente sencilla. Sí, Padre, así te pareció bien."
> (Lc. 10, 21)

A continuación vamos a indicar algunas de estas verdades que la Iglesia Católica enseña sobre María. Pero antes es necesario que dejemos muy claro que todas son *gracia de Dios*, que la Iglesia descubre en su Madre.

CAPITULO V

INMACULADA CONCEPCION

1. La doctrina de la Iglesia

"...Para honor de la santa e indivisa Trinidad, para gloria y ornamento de la Virgen Madre de Dios, para exaltación de la fe católica y acrecentamiento de la religión cristiana, con la autoridad de nuestro Señor Jesucristo, de los bienaventurados Apóstoles Pedro y Pablo y con la nuestra, declaramos, proclamamos y definimos que la doctrina que sostiene que la beatísima Virgen María fue preservada inmune de toda mancha de culpa original en el primer instante de su concepción por singular gracia y privilegio de Dios omnipotente, en atención a los méritos de Cristo Jesús, Salvador del género humano, está revelada por Dios y debe por tanto ser creída por todos los fieles." (*Pío IX*).

El pueblo cristiano llevaba ya siglos proclamando, en una y otra parte, que María era Inmaculada. Es el 8 de diciembre de 1854 cuando el sucesor de Pedro la afirma solemnemente a toda la Iglesia.

Pero, ¿qué significa que María es Inmaculada?

Fundamentalmente esto:

a. Que nunca vivió en su historia, desde su concepción hasta el final de sus días, la experiencia del pecado.

El pecado para nosotros, entre otras cosas, engendra incapacidad de amar y tendencia a un egoísmo radical que nos inclina constantemente a seguir manchándonos. Ella estuvo libre de esa incapacidad de amar y de todo egoísmo.

b. Que siempre estuvo llena de gracia.

Es decir, llena del amor y la amistad con Dios. Que el Señor se dio a sí mismo en plenitud a María.

Pero esto no significa que la vida le fue fácil; que no tuvo que enfrentarse con el misterio de la muerte y del dolor. Que no necesitó luchar contra las tentaciones que aparecen en la vida de toda persona humana.

2. La vivencia de María

Significa que esta verdad fue definida hace poco más de un siglo. Pero, ante todo, significa que fue una experiencia profunda que María vivió constantemente en su vida.

Recordemos: la jovencita Miriam se entera que su prima está encinta. Su corazón se alegra y comienza a caminar por las montañas hacia el pueblecito donde está Isabel, para compartir con ella la alegría, el trabajo y el misterio.

Y es aquí uno de los momentos profundos de su vida en los que siente de un modo especial el amor de Dios que le hace exclamar llena de alegría:

> "Celebra todo mi ser la grandeza del Señor, y mi espíritu se alegra en el Dios que me salva". (Lc. 1, 46)

> "En verdad el Todopoderoso hizo cosas grandes para mí." (La 1, 49)

3. El simbolismo para nosotros

Pero María, la mujer libre de egoísmo y abierta al amor con plenitud, no piensa sólo en Ella y en su Dios. Piensa también en todos los demás —también en ti y en mí— y por eso continúa:

> "Qué sus favores alcanzan a todos los que le temen y prosigue en sus hijos". (Lc. 1, 50)

Y es que significa también que nosotros estamos llamados a vivir un día la plenitud del amor, libres ya de muerte y de pecado. Ella es la primera de nuestra raza que por un privilegio especial de Dios, vivió ya esa dicha, pero es la estrella y la meta que nos señala que ese deseo de limpieza y de honradez, que brota desde lo hondo de nuestro ser y se hace frustración tantas veces en nuestra existencia de pecado, un día se hará plenitud y realidad.

No, el dogma de la Inmaculada no es, ante todo, una verdad teológica fría, para ser afirmada y aceptada racionalmente como una imposición. Ante todo, refleja una realidad ya vivida por María y una esperanza que viviremos nosotros, compartiéndola con Ella también, en lo hondo de nuestro corazón: sentirnos limpios y llenos del amor de Dios.

CAPITULO VI

"...Y NACIO DE SANTA MARIA VIRGEN"

1. La doctrina de la Iglesia

Esta expresión que decimos en el Credo, viene ya del llamado "Símbolo de los Apóstoles". Como vemos, en ella afirmamos que María fue Virgen. La Iglesia Católica así lo viene enseñando por siglos. Pero siempre ha habido dificultades para aceptar esta verdad. La razón humana no queda satisfecha al pensar cómo es posible ser virgen y madre. Por eso en el año 649 el Concilio de Letrán cree conveniente afirmar la virginidad de María. De un modo claro dice así:

> "...de conformidad con los Santos Padres, que la santa Madre de Dios y siempre virgen e inmaculada María, propiamente y según la verdad, concibió del Espíritu Santo, sin cooperación viril, al mismo Verbo de Dios, que antes de todos los siglos nació de Dios Padre e incorruptiblemente le engendró, permaneciendo su virginidad indisoluble incluso después del parto..."

El Concilio lo dice claro, pero hoy sigue siendo una verdad que muchos católicos admiten con dificultad o incluso, de un modo u otro, parecen negar. ¿Por qué sucede esto? Pienso que, una vez más, la razón humana quiere competir con Dios. Se quiere comprender con lógica, lo que supera toda lógica. Pero, lo que es más triste, se quiere saciar puramente la curiosidad, hasta llegar a veces a ser poco delicados y poco respetuosos, con algo que también corresponde a la intimidad y al misterio. Nosotros no vamos a dar argumentos para demostrar que María fue virgen, ni tampoco vamos a explicar cómo pudo ser esto posible.

Pero si ustedes quieren, les invito a que tomen la Biblia, busquen Lc 1, 26-38 y después pasen a Gen. 1, 1-31. ¿No les parece que el que pudo hacer lo que nos dice el Génesis, pudo también hacer lo que nos dice S. Lucas?

¿Qué puede significar el que María haya sido virgen?

Dice el Concilio Vaticano II, que todas las verdades son para nuestra salvación y no para saciar nuestra curiosidad. Por eso me parece que nosotros sí debemos profundizar en este tema y preguntarnos: ¿Qué nos habrá querido revelar Dios de sí mismo y para nuestra salvación en este hecho?

Evidentemente que no quiere condenar la sexualidad como algo malo. Esto estaría en contradicción con lo que se nos dice en el Génesis "y vio

Dios que era bueno". Dios, por tanto, pudo haber elegido nacer, como otro cualquiera, de la unión de un hombre y una mujer, porque no nacía de un acto pecaminoso, sino del cumplimiento de uno de los primeros mandamientos que da Dios: "crezcan y multiplíquense .

Por eso podemos decir que la grandeza de María no le viene de ser virgen, sino de haber sido la mujer elegido por Dios para ser su Madre. O, si quieren, como el mismo Jesús lo dirá, por haber "escuchado la palabra de Dios y cumplirla" mejor que nadie en la tierra, después del mismo Jesús.

El ser virgen, en la cultura hebrea, no era tenido como algo virtuoso. La fecundidad era un valor fundamental de la mujer, hasta el punto que la mujer estéril era despreciada, tenida por menos e incluso castigada por Dios. Era algo que empobrecía a la mujer. Quizás María cuando dijo: "Porque quiso mirar la condición humilde de su esclava..." también se refería a su condición de virgen.

Pero vayamos de nuevo a nuestra pregunta: ¿Qué habrá querido revelarnos Dios de sí mismo con este símbolo de la virginidad? Evidentemente que nuestra respuesta no puede ir más allá de la conjetura y la reflexión. En este sentido deben interpretarse las opiniones que expongo a continuación:

Normalmente la persona humana nace del encuentro amoroso de dos corazones que se unen. Jesús nace del encuentro entre una mujer sencilla y Dios. Nace para comen zar una nueva Creación, para proclamar unos nuevos valores y para liberar y salvar a todos los hombres y mujeres de los diferentes modos de esclavitud. El nacer de una virgen, pienso que es todo un símbolo de ruptura, trascendencia y plenitud de amor. De este modo, Jesús, por un lado, procede de la tierra, pues nace de una mujer, pero por el otro lado, procede del Cielo, de la fuerza del Espíritu.

2. La vivencia de María

En un mundo en que el sexo se presenta don frecuencia como plenitud de felicidad y realización personal, Ella vive en una alternativa diferente, no es el sexo lo que la hace feliz, sino la entrega incondicional al Padre, a su misterio. Isabel se lo dice con claridad: "Eres feliz porque has CREIDO". Es la Fe en Dios lo que para María está por encima de cualquier otro tipo de realización humana. No es la comprensión del misterio, ni la respuesta clara a su pregunta "cómo es posible esto, si no conozco varón" lo que la va a hacer DICHOSA, sino su respuesta al misterio: "HAGASE en mí, según tu palabra".

3. El simbolismo para nosotros

María fue el comienzo; desde Ella, muchos hombres y mujeres a lo largo de nuestra historia han elegido este camino de consagración al Padre. El religioso o la religiosa cuando hacen voto de castidad no están renunciando a la paternidad o maternidad, están diciendo SI a un modo diferente y original de compartir el amor.

Por último digamos que María, la que va a ser Madre de todos los creyentes, no va a tener por esposo a un hombre, sino al mismo Dios que quiere revelársenos participando en nuestra historia como PADRE unido a nuestra raza por medio de una MUJER galilea que se llamaba Miriam.

La Devoción de María

1. *Para compartir*

   a) ¿Cuáles son las razones por las que debemos tener devoción especial a María?

   ¿Qué desviaciones encuentras en algunas devociones?

   ¿Cómo se podrían corregir?

   ¿Por qué se pueden tener imágenes y estampas de María? ¿Qué simbolizan?

   ¿Por qué no se puede adorar a María?

   b) La Iglesia Católica es una familia complete: Padre, Madre, hermanos y hermanas.

   Funciones de una madre en la familia.

   Papel de María, nuestra Madre, en la vida de la Iglesia.

   ¿Por qué se puede orar a María para que interceda por nosotros?

   ¿Por qué debemos amar a María?

2. *Celebración de la palabra*

   Lectura: Jn. 2, 1-11

CAPITULO VII

MADRE DE DIOS

1. La doctrina de la Iglesia

Sin duda alguna que esta es la verdad más importante sobre María. Y el negarla tiene consecuencias graves que repercuten no sólo en Ella, sino en Jesús.

De nuevo nos enfrentamos con un misterio y una vez más la razón y la lógica quieren hacer racional, verdad científica, lo que en realidad es MISTERIO y verdad de fe.

Algunos prefieren decir que María es la Madre de Jesús, pero no la Madre de Dios, puesto que Dios existe desde siempre y no puede tener Madre.

Aparentemente esta versión podría parecer buena y correcta. Pero saquemos las consecuencias:

— Si María es la Madre de Jesús, pero no la Madre de Dios, entonces, ¿quién fue Jesús? ¿es que Jesús no fue Dios hecho hombre?

Ya en el siglo V, un teólogo llamado Nestorio defendía que María era la Madre de Jesús, no la Madre de Dios. Para lo cual tenía que afirmar también que en Jesús había dos personas: una divina y otra humana. Y aquí es donde las cosas se complican:

— El Jesús que nació, el que predicó, el que murió... ¿fue la persona divina o la persona humana?

— ¿Hasta qué punto podemos decir que Dios se hizo hombre si en realidad no nació como hombre?

Ante estas preguntas y dudas se reunió en el año 431 el Concilio de Efeso.

El pueblo esperaba preocupado a las puertas del Concilio. Cuando éste terminó y definió que María era MADRE DE DIOS el pueblo prorrumpió en grandes vítores y aplausos, y acompañó a los obispos por las calles en procesión con antorchas, llenos de fe y alegría.

Una vez más podemos ver cómo el Espíritu Santo no sólo habla por medio del Concilio sino también por medio de la alegría y entusiasmo del pueblo.

Veamos unos párrafos leídos y aprobados en la sesión primera del Concilio de Efeso:

> "Porque no nació primeramente un hombre cual quiera de la Virgen María, sobre el cual descendiera después el Verbo, sino que, unido a la carne en el mismo seno materno, se dice engendrado según la carne, en cuanto que vindicó para sí como propia la generación de su carne... Por eso (los Santos Pa-

dres) no dudaron en llamar Madre de Dios a la Santísima Virgen."

Veinte años más tarde, se reunía otro Concilio, el Concilio de Calcedonia; tratan el mismo tema y afirman con mayor claridad lo que ya había aprobado y afirmado el Concilio de Efeso.

Un siglo más adelante, en el 553, se reúne el II Concilio de Constantinopla que vuelve sobre el tema.

Después de estos tres concilios podríamos resumir así la doctrina que proclamaron:

1. En Jesús no hay más que una persona, que es divina
2. En Jesús sí hay dos naturalezas: la divina y la humana
3. María es Madre de la única persona que hay en Jesús: MADRE DE DIOS

2. Una mamá llamada Miriam

Todos estos problemas teológicos, importantes son, sin embargo, demasiado abstractos y nos dejan, a veces, un poco deshumanizados. Por eso, yo les invito que volvamos a centrarnos en aquella jovencita que tampoco Ella comprendía cómo podía ser Madre del "Hijo del Altísimo".

Toda maternidad lleva consigo angustia y esperanza en lucha. La maternidad de María no fue más fácil. También Ella tuvo que enfrentarse con la paradoja de vivir al mismo tiempo esos sentimientos de angustia y esperanza. Al recoger al hijo en sus brazos después de la primera Navidad, no era fácil creer que aquel niño impotente, era el Creador del Cielo y la Tierra.

Cuando le encuentra en el templo, a la edad de doce años, y escucha aquellas palabras: "¿No sabías que tengo que ocuparme de las cosas que son de mi Padre?". Se nos dice que María no comprendió. Pero quizás sí comprendió que aquel Hijo ya no le pertenecía. Por eso como madre y mujer sintió la alegría de encontrarle y, al mismo tiempo, la angustia de perderle en la incomprensión.

Era el primer viernes santo, una mujer de unos cincuenta años, viuda, tiene en su regazo a su Hijo muerto, destrozado, traicionado, calumniado... De nuevo, la mujer sencilla, tiene que vivir el dolor y el misterio de la muerte de su Hijo y de la muerte de su Hijo-Dios.

El SILENCIO de María en estas ocasiones es como un grito profundo de fe que se hunde en la incomprensión y en el misterio. Es la renovación de su SI al Padre: "Yo soy la servidora del Señor, que se haga en mí, según su palabra".

Sí, la Madre de Dios, fue una mujer que tuvo que enfrentarse con el desafío de la vida, del dolor y de la fe. Fue la Mujer que, sin saber teología, supo decir siempre SI al Misterio del Padre.

3. Dios con nosotros

Miriam fue mujer, fue mamá y su hijo se llamó ENMANUEL, es decir, "Dios-con-nosotros". El "SI" a Dios de María fue también una contribución a nuestra historia. Fue también un "SI" a nosotros. Ella, joven madre, nos muestra en sus brazos al niño "profeta del Altísimo" el que va a alumbrar a la humanidad que "se encuentra entre tinieblas y sombras de muerte", el que va a "guiar nuestros pasos por el camino de la paz". (Lc. 2, 79).

El que María sea la Madre de Dios, significa también que Dios quiso elegir, entregarse y mostrarse a nosotros desde el vientre y el regazo de una MUJER.

CAPITULO VIII

LA ASUNCION

1. La doctrina de la Iglesia

Ya desde los siglos IV y V muchos teólogos y, sobre todo, el pueblo, confesaban que María fue asunta en cuerpo y alma a los cielos. Sin embargo, la Iglesia Católica no va a definir oficialmente esta verdad hasta nuestro siglo.

Era el primero de noviembre de mil novecientos cincuenta. Su Santidad, el Papa Pío XII, rodeado de treinta y seis cardenales, quinientos cincuenta y cinco patriarcas, arzobispos y obispos, ante una multitud, se dirige desde el exterior de la basílica Vaticana, a toda la Iglesia, definiendo oficial y solemnemente la Asunción de la Santísima Virgen en cuerpo y alma a los Cielos.

Veamos una de las partes más importantes de su discurso:

> "Después de elevar a Dios muchas y reiteradas preces y de invocar la luz del Espíritu de la Verdad, para gloria de Dios omnipotente, que otorgó a la Virgen María, su peculiar benevolencia; para honor de su Hijo, Rey inmortal de los siglos y vencedor del pecado y de la muerte; para aumentar la gloria de la misma augusta Madre y para gozo y alegría de toda la Iglesia, con la autoridad de nuestro Señor Jesucristo, de los bienaventurados Pedro y Pablo y con la nuestra, pronunciamos, declaramos y definimos ser dogma divinamente revelado que la Inmaculada Madre de Dios, siempre Virgen María, terminado el curso de su vida terrena, fue asunta en cuerpo y alma a la gloria celestial."

Una vez terminado su discurso, de nuevo es el pueblo el protagonista que aprueba las palabras del Papa con un auténtico rugido de entusiasmo.

Esta verdad nos pone otra vez ante muchas dudas y preguntas: ¿Cómo sucedió este hecho? ¿Murió realmente o simplemente el Padre la llevó a la dicha de la eternidad sin dejarla pasar por el trance de la muerte?

Nuestro criterio, una vez más, es respetar el misterio. Pero esto no nos impide que podamos formular con humildad nuestras opiniones.

¿Cómo podo suceder esto? Es una pregunta que segura mente nuestra imaginación no tiene capacidad para responder. Sí, parece probable, y esta es la opinión más común entre los teólogos, que María murió como corresponde a todo nacido. Pero de todos modos pienso que estas preguntas van más a saciar nuestra curiosidad, que a profundizar en lo que simboliza el misterio. Me parece, en cambio, que sí debemos preguntarnos, una vez más, qué es lo que Dios habrá querido revelarnos con el hecho de la Asunción.

2. Dios premia a María:

Pienso que lo primero es la manifestación de su gran amor a la que siempre le respondió con un "sí" radical. A la Mujer que vivió la tristeza de dar a luz a Jesús en un mundo en el que "no había lugar para ellos". A la Madre que agoniza, también Ella, ante la muerte del Hijo inocente.

3. Un símbolo-promesa para nosotros

Pero hay algo más. La Asunción significa una excepción y también es como el símbolo de una promesa.

La excepción consiste en que María ya está resucitada en la Gloria para vivir eternamente la DICHA de la Trinidad.

La promesa se refiere a nosotros: También tú, yo y todos los humanos estamos llamados un día a participar como María, de la misma dicha. Lo que en Ella ya es realidad, en nosotros es promesa y ESPERANZA.

Esto tiene que llevarnos a una profunda alegría; primero por María misma. Aquella mujercita galilea de nuestra raza, en la que nadie se fijaba, a no ser el mismo Dios, nos ha dado a Jesús Salvador y ahora, después de una vida envuelta en el dolor y en el misterio, ya es dichosa, porque Dios quiso manifestar por adelantado la plenitud de su amor en Ella.

Pero tiene que llevarnos a todos a vivir anticipadamente la alegría de nuestra resurrección.

María, libre ya del dolor y de la muerte, simboliza el destino al que está llamada nuestra raza. Y simboliza de un modo especial, la esperanza para todos los pobres y oprimidos del mundo, para todos los desheredados y marginados.

Ella vivió también la experiencia de la pobreza, de la emigración, de la opresión y de la injusticia: fue la madre de un crucificado; hoy es la Madre del Salvador y Liberador de todas las opresiones. Ella ha sido la primera salvada y liberada. Se nos presenta ahora como primicia, símbolo del amor del Padre, horizonte y sobre todo ESPERANZA.

Cuando era muy joven, llena del Espíritu Santo, María había dicho de Dios:

> "Reconozcan que Santo es su nombre. Que sus favores alcanzan a todos los que le temen y prosiguen en sus hijos."
>
> (Lc. 1, 49s)

Ella ya recibió la plenitud de los favores del Padre. Nosotros somos los hijos llamados a alcanzar un día esa plenitud: nuestra resurrección.

CAPITULO IX

MARIA EN EL CONCILIO VATICANO II

Sin duda alguna que, de todos los concilios ecuménicos, fue el Vaticano II el que de un modo más expreso y claro nos ofrece una doctrina y una imagen más completa de María. Lo ha hecho con sencillez, y no ha querido imponernos estas verdades como dogmas.

Voy a exponer a continuación algunas de las afirmaciones del Concilio que me parecen más interesantes. Esto nos ayudará a tener una idea más clara, y a sentirnos más identificados con la doctrina de la Iglesia Católica sobre María.

a. El Concilio incluye el tema de María en el capítulo VIII de la Constitución sobre la Iglesia. Este hecho en sí ya es importante: Ella no es algo aparte de Jesús y de su Iglesia. Está dentro del plan general de Salvación.

b. En la introducción hay tres afirmaciones especialmente destacadas:

• El Hijo de Dios nació de Santa María Virgen por obra del Espíritu Santo.

• La Virgen María es Madre de Dios, redimida de un modo eminente en previsión de los méritos del Hijo: hija predilecta del Padre, sagrario del Espíritu Santo, aventaja a todas las criaturas creadas; a Ella la Iglesia Católica venera como Madre amantísima.

• El Concilio se propone explicar la función de María en el Misterio de Jesús, el Dios encarnado.

c. En la segunda parte se nos muestra cómo María ha estado unida y comprometida con la función salvadora de Jesús, tal como se puede ver por diferentes pasajes bíblicos, tanto del Antiguo como del Nuevo Testamento.

d. En la tercera parte se trata del tema "María y la Iglesia". Creo dignas de destacar las siguientes afirmaciones:

— El único mediador entre Dios y los hombres es Jesús, pero María ayuda y colabora en esta mediación como Madre.

— María es también Madre espiritual nuestra, Madre en el orden de la gracia.

— Esta Maternidad le lleva a una solidaridad con nosotros, que apoyados en su protección, nos ayuda a unirnos con mayor intimidad al Mediador y Salvador único, y de todos.

— María es figura y prototipo de la Iglesia. Ella nos entregó a Jesús y esto es también la misión de la Iglesia a lo largo de la historia.

— María es ejemplo y modelo para la Iglesia, que debe imitar las virtudes de la Virgen.

e. En la parte cuarta se nos habla del culto a María y se dice entre otras cosas:

— La Iglesia al dar culto a María (nunca adoración) cumple con sus palabras proféticas cuando dijo:

"Desde hoy me llamarán dichosa todas las generaciones".

— El Concilio anima a que se siga dando el justo culto a María.

f. La parte quinta se titula: "María signo de esperanza cierta y consuelo para el pueblo peregrinante de Dios".

Dos ideas principalmente se destacan en esta sección:

— Ella ya ha llegado a la plenitud a la que un día llegará también la Iglesia, el pueblo peregrino, cuando llegue el día del retorno del Señor.

— Todos los cristianos debemos rogar a la Madre que interceda ante su Hijo, para que todas las diferentes confesiones cristianas, lleguemos a formar un solo Pueblo de Dios.

Santa María

1. *Discusión dirigida:*

   a) ¿Cuáles son las principales verdades que la Iglesia ha enseñado sobre María?

   Comentar cada una.

   ¿Cuál fue la tarea del Espíritu Santo para que la Iglesia afirmara esas verdades?

   ¿Cómo realizó María esas verdades durante su vida?

   ¿Qué relación tienen con nuestra vida?

   ¿Qué mensajes nos dan?

   b) ¿De dónde le viene a María la santidad?

   ¿Está en la Biblia que es santa? ¿Dónde?

2. *Celebración de la palabra*

   Lectura: Lc. 2, 1-7

CAPITULO X

MARIA, MADRE DE LA IGLESIA

1. La enseñanza de la Iglesia

Sin duda que esta es una de las mejores aportaciones que se ha hecho en el Concilio Vaticano II, a la Iglesia.

Este título había sido muy poco utilizado. En 1125 la llama así Berenguer. Mucho más tarde, lo utiliza el Papa León XIII y también el pontífice Juan XXIII. Pero no había sido hecho de una manera oficial. Tampoco el Concilio emplea este título en el documento oficial, aunque sí aparece implícita la función maternal de María.

Es el Papa Pablo VI quien oficialmente le da este título a María. Era el 21 de noviembre en la clausura de la tercera sesión del Vaticano II. Estas eran sus palabras:

> "Así pues, para gloria de la Virgen y consuelo nuestro, nos proclamamos a María Santísima 'Madre de la Iglesia', es decir, Madre de todo el pueblo de Dios."

Creo que es conveniente que nos preguntemos qué nos quiere decir Pablo VI con este título. ¿Es sin más un adjetivo piadoso, o quiere expresarnos una realidad teológica más profunda? Analizando despacio su discurso, se ve claramente que el Papa quiere dar a la proclamación de María "Madre de la Iglesia", un serio significado teológico y no simplemente metafórico. A lo largo de su discurso hace algunas precisiones que me parecen dignas de notar:

a. María no es alguien que esté fuera de la Iglesia. Es "su porción principal, su porción elegido". Ella está dentro del pueblo cristiano; es también "nuestra hermana por lazos de naturaleza".

b. Es madre espiritual de la Iglesia militante, es decir: "madre de los fieles y pastores, esto es de la Iglesia".

c. No es sólo madre de los individuos, es madre de la comunidad.

d. Reúne en el mismo concepto fundamental el oficio de María con relación a Cristo y con relación a nosotros, ya que en los dos casos se trata del mismo oficio de madre.

e. Expresa cercanía. Dice así el Pontífice:

> "La Madre de Dios ocupa en la santa Iglesia, sobre la cual trata principalmente el presente Concilio: después de Cristo, el lugar más alto y a nosotros el más cercano, de forma que con el título 'Madre de la Iglesia' podremos venerarla para gloria suya y consuelo nuestro".

2. No hay maternidad sin dolor

Una vez más debemos dar el salto de la doctrina, a la vida. Y comenzamos por preguntarnos ¿qué experiencia tuvo María de esta maternidad en su vida?

Jesús fue preparando a su Madre para que pudiera vivir esta otra maternidad. Al tomar los evangelios uno tiene la impresión de que Jesús parece recorrer un camino como de distanciamiento de su madre. Tenemos el pasaje del templo, cuando tenía doce años, que María no comprendió.

En este mismo sentido también pueden entenderse esas frases que aparecen duras a primera vista, y posiblemente lo fueron para María: "¿quiénes son mi madre y mis hermanos...?" Su mismo modo de llamarla, no con el nombre de madre, sino el de "mujer".

Pero el momento más duro, es precisamente, aquel en que Jesús anuncia la maternidad de María de una manera simbólica:

> "Junto a la cruz de Jesús estaba su madre y la hermana de su madre, y también María, esposa de Cleofás, y María Magdalena. Jesús, al ver a su Madre y junto a ella a su discípulo más querido, le dijo: "Mujer, ahí tienes a tu hijo. Después dijo al discípulo: Ahí tienes a tu madre".

Es necesario que María se desprenda de su Hijo, al que pronto le va a separar la muerte, para vivir la transformación dolorosa de comenzar un nuevo modo de maternidad: aceptar como hijos a los discípulos del Hijo: "La maternidad espiritual".

3. Dios comparte

¿Qué habrá querido revelarnos Dios de sí mismo, con el hecho de que su Madre, lo sea también nuestra?

Pienso que ante todo resaltan dos aspectos:

a. Dios comparte: primero, haciéndose uno de nosotros en Jesús, en su nacimiento, en su vida, en el trance difícil de la muerte, pero Jesús también quiere compartir con nosotros la fraternidad, invitándonos a llamar Padre a su Padre y Madre a su propia Madre.

b. Somos una familia: Pero no somos una familia de huérfanos. Cuando en un hogar falta la madre, falta el calor... es una familia incompleta. Al decir nosotros que María es madre nuestra, Madre de este pueblo caminante hacia la resurrección, afirmamos también que Dios ha querido que lo hagamos, como una familia auténtica: Padre, Madre y hermanos.

Una vez más, la verdad sobre María, termina siendo ver dad sobre el mismo Dios.

CAPITULO XI

MIRANDO AL FUTURO (Reflexión)

Hasta aquí he expuesto brevemente las principales verdades que la Iglesia Católica enseña sobre María. ¿Ha quedado definitivamente trazado el retrato de María y por lo tanto ya no será necesario avanzar más en este campo, después de lo dicho en el Vaticano II?

Mi respuesta es NO. Hablar de una persona, es hablar siempre de un misterio inagotable y en este caso hablar de María, es todavía más misterio, puesto que se cruzan el misterio humano y el misterio de Dios. No sabemos y nunca sabremos lo suficiente de María.

Hay muchas cuestiones que la Iglesia ha afirmado pero que requieren un estudio más detenido de las Escrituras, para perfilar mejor la doctrina. Esta es una tarea que queda para el futuro en la cual ya hay teólogos comprometidos. Pero pienso que hay algo que tendrá que desarrollarse en los próximos años y que la doctrina de la Iglesia no ha acentuado suficientemente: el hecho de que María, la elegida por Dios para ser su Madre, fue Mujer.

Quizás se extrañen de esta afirmación. Pero es así. La María que nos presenta la doctrina de la Iglesia destaca, sobre todo, la visión de ella, desde los planes de Dios. Evidentemente que esto es bueno y necesario. Pero hay algo más.

Pienso que en este caso deberemos hacernos la pregunta repetida otras veces: ¿Qué intentó Dios, qué quiso revelar nos al escoger *una mujer* para vivir la vocación más importante, después de la de Jesús?

No es mi intento responder en estas páginas a esta pregunta, pero sí insinuar algo que nos puede dar luz para seguir meditando.

1. La mujer era un ser oprimido

La mujer, en el tiempo y la cultura en que vivió María, era un ser oprimido. Era un ser humano de segunda clase. Es verdad que el Génesis nos habla claro de la dignidad del ser humano, independientemente de que fuera hombre o mujer; es imagen de Dios y ahí radica su dignidad. Pero esto es lo que dice la Biblia y no lo que se vivía en la cultura hebrea. Recuerden las leyes que existían sobre el divorcio, o la infidelidad matrimonial.

Cuando llevaron a Jesús la mujer sorprendida en adulterio ¿a alguien se le ocurrió también buscar al hombre?

Una de las cosas que escandalizaba de la vida de Jesús era el que tuviera mujeres discípulas o seguidoras.

Digamos que todavía no se ha reflexionado suficiente mente en el papel que representa la mujer en los evangelios, especialmente María. En los Evangelios existen datos significativos.

Quizás el evangelista más audaz en esto es S. Juan, María aparece al comienzo inaugurando y adelantando la "hora" de Jesús en las bodas de Caná. Al final la vemos de pie junto a la cruz recibiendo las últimas palabras llenas de simbolismo: "Mujer ahí tienes a tu hijo". Pero hay otras mujeres que tienen papeles importantes. Veamos algunos ejemplos:

La mujer samaritana anuncia e introduce a Jesús en la ciudad, (Jn. 4, 28-30; 39-42) Marta y María consiguen el mayor milagro de Jesús: la resurrección de Lázaro (Jn. 11, 21-44).

María Magdalena es la encargada de anunciar la resurrección de Jesús a los apóstoles (Jn. 20, 1-18).

A estos pasajes tendríamos que añadir otros, en los demás evangelios, pero creo que pueden servirnos como muestra.

Volviendo a María y a nuestra pregunta, parece que Dios quiere revelarse liberador no sólo de los pobres, ciegos... sino también de la mujer oprimida y escoge a una para esta vocación.

Tenemos datos curiosos en los cuales se rompe la lógica cultural de aquel tiempo. Tomen ustedes, por ejemplo, la narración de la genealogía de Jesús, Mt. 1, 1-17, verán cómo los nombres de las mujeres no sólo quedan en segundo plano, sino que pasan al anonimato, hasta que llega el nombre de María que destaca sobre todos los anteriores. ¿Es esto una casualidad?

Quizás en ese desequilibrio injusto, hombre-mujer, Dios elige a una mujer no sólo para ser Madre, sino también para ser un símbolo de liberación.

2. Dios se revela en María

Pero hay algo más: María, la llena de Dios, pasa a reflejarnos en su rostro eso que en Dios hay también de maternal. Puesto que Dios no es masculino ni femenino, supera estas diferencias. Sus rasgos de Padre estaban trazados en la vida y predicación de muchos profetas del Antiguo Testamento, ahora con María, Dios parece revelarnos también sus rasgos de Madre. Juan Pablo I, en su escaso tiempo de pontificado, dijo una frase que encierra un gran simbolismo: "Dios es Padre, pero, sobre todo, es Madre". María es la imagen más perfecta del rostro materno de Dios.

Para terminar estas breves ideas quiero afirmar que, a mi juicio, en las próximas décadas, éste será uno de los avances importantes en la reflexión sobre María: ELLA FUE MUJER y por medio de Ella, Dios ha querido revelarnos algo más de su rostro.

CAPITULO XII

MARIA, MODELO DE IDENTIDAD CRISTIANA

1. "Dichosa Tú que has creído" (Lc 1, 45)

Estas palabras pronunciadas por Sta. Isabel en la visita que María le hiciera para felicitarla por el próximo nacimiento de Juan Bautista, son importantes y nos ayudan a conocer mejor el interior de María, pues no son simplemente palabras de Isabel, es el Espíritu Santo que habla por su boca.

María no es DICHOSA principalmente por ser la Madre de Dios. Es dichosa porque ha creído, ha confiado y esperado en Dios. Porque ha vivido en oscuridad y silencio la doctrina del Reino anunciado por Jesús.

Es dichosa porque siendo pobre, Dios la hizo Madre de todos los ciudadanos del Reino;

porque ha llorado, Dios la consoló, mostrándole a su Hijo Resucitado;

porque ha sido paciente y silenciosa, Dios ha hecho de Ella la más querida y la mujer más importante de esta tierra;

porque, ante su Hijo elevado en la cruz, sintió hambre y sed de justicia, Dios le mostró a su Hijo elevándose al Cielo, vencedor del pecado y de la muerte;

porque ha sido buena y compasiva, Dios la hizo Inmaculada;

porque ha tenido siempre su corazón limpio, Dios la llevó en su Asunción anticipadamente a vivir con El y a mostrarle su rostro cara a cara;

porque fue pacífica, humilde y sencilla Dios la hizo Madre suya y Madre de todos los hombres y mujeres de cualquier raza y lugar de esta tierra;

porque vivió y creyó en las bienaventuranzas, Dios la hizo DICHOSA para siempre.

María, nuestra Madre, es la primera de nuestra raza y el único ser de nuestra raza, que goza ya de la plenitud del amor y la dicha de Dios.

2. De María a Jesús

El amor y la devoción a María, no pueden quedarse en Ella, debe terminar en Jesús.

Los poderosos y ricos tienen que escuchar su palabra profética que denuncia: "Derribo a los poderosos de sus tronos". María no quiere hijos opresores.

Los pobres deberán escuchar sus palabras de justicia y esperanza:

"Y elevó a los humildes". María tampoco quiere hijos oprimidos. No, María no quiere ni opresores, ni oprimidos. Ella quiere hermanos, por eso de nuevo todos tenemos que escuchar de sus labios:

"HAGAN LO QUE JESUS LES DIGA."

CAPITULO XIII

MARIA EN NUESTRA HISTORIA

1. María y el pueblo

A lo largo de la historia de la Iglesia, y muy concreta mente, de la historia de la Iglesia en los pueblos latinos, María ha sido el modelo de identidad cristiana.

En Ella hemos ido encontrando el modelo de nuestra fe y fortaleza ante el sufrimiento de nuestro "desierto" que es muchas veces esta vida, valle de lágrimas.

Hablábamos antes, sobre la cantidad de monumentos y santuarios marianos que existen en Latinoamérica y los pueblos hispanos. Pero profundicemos un poco más: ¿Qué ha encontrado el pueblo en María?

El pueblo ha intuido que María seguía encarnando a Dios en los pobres, los oprimidos, los que no tienen voz. Ha encarnado a Dios en todos pero muy especialmente en esa humanidad silenciosa como Ella, que vive el misterio de su vida en la oscuridad y en el desconocimiento de los poderosos.

Y esto no son palabras bonitas solamente. Detrás de estas palabras está la historia de la devoción de nuestros pueblos a María.

Si recorremos las distintas crónicas de los santuarios marianos encontraremos, que en la mayor parte de ellos no existe influencia alguna de las autoridades de la Iglesia, muchas veces sólo hay oposición. Pero es el pueblo sencillo y que sufre la opresión, el que lucha y al final consigue esos templos.

Fue un pobre anciano como en el caso de nuestra Señora de Altagracia, patrona de Santo Domingo; o unos pescado res como en la "Aparecida" Patrona del Brasil; la aclamación de todo el pueblo como sucedió en la Virgen de la Providencia, patrona de Puerto Rico; el diálogo con dos indios y un criollo, en el que les decía: "Yo soy la Virgen de la Caridad", la ha llevado a ser patrona del pueblo cubano: Nuestra Señora de la Caridad del Cobre; la fe de un cacique de unos indios es el comienzo de la devoción a Nuestra Señora de Coromoto, patrona de Venezuela; unida a la liberación del pueblo chileno, es aclamada como "Virgen del Carmen". Todos los pueblos tienen su historia unida a María con el rostro liberador de Dios: En Bolivia, la Virgen de Copacabana; en Argentina, la Virgen de Luján; en Colombia, la Virgen de Chichinquirán; en Costa Rica, Nuestra Señora de los Angeles; en el Ecuador, Nuestra Señora del Inmaculado Corazón de María; en El Salvador, Nuestra Señora de la Paz; en Guatemala, Nuestra Señora del Rosario; en Haití, Nuestra Señora del Perpetuo Socorro; en Honduras, Nuestra Señora de Suyapa; en Nicaragua, Nuestra

Señora de la Purísima Concepción; en Paraguay, Nuestra Señora de Caacupé; en Perú, Nuestra Señora de las Mercedes; en Uruguay, Nuestra Señora de los 33 Orientales; en Panamá, la Virgen de la Asunción; en España, la Virgen del Pilar.

Pero quizás, el ejemplo más claro de esta Mujer reflejo del rostro liberador de Dios es Nuestra Señora de Guadalupe, patrona de México y de todos los pueblos del continente latinoamericano.

Sí, el caso de la Virgen Morena de Guadalupe, es todo un ejemplo claro de María como Mujer que encarnó de nuevo a Jesús en la cultura latinoamericana, con rostro de liberación.

Era un pobre indio que se enfrentaba a los poderosos de la iglesia y del gobierno, Juan Diego. María pide un templo en las ruinas de otro quemado y destruido, procedente de la religión pagana, para "poder mostrar y comunicar todo mi amor, compasión, ayuda y defensa a todos los habitantes de esta tierra... escuchar sus quejas y socorrer sus miserias, penas y sufrimientos." Estas palabras de María, tal como se nos cuentan en la crónica, no son más que una resonancia, un eco de aquellas que Dios dijera a Moisés, desde la zarza ardiendo.

Reflejan al Dios Liberador, con "Rostro Materno", acento del pueblo y Voz de Mujer.

2. María Evangelizadora

Afirmar que María fue el factor decisivo en la evangelización de los pueblos de Latinoamérica, podría parecer exagerado. Sin embargo, al estudiar la historia de estos pueblos, esta es una de las conclusiones que aparecen con claridad. Tomando como ejemplo a la Virgen de Guadalupe, y que se repite en otras advocaciones, yo destacaría dos aspectos que María nos proyecta en esta historia de la evangelización del Continente:

Una evangelización que es encarnación

Nuestra Señora de Guadalupe es una mujer morena, del color de los nativos, que se acerca a un pueblo que sufre, para ayudar y confortar. No se acerca desde fuera, sino encarnada en la raza y en el pueblo. Jesús no va a ser presentado como un extranjero importado. El catolicismo ya no va a ser, sobre todo, costumbres y creencias traídas de Europa, sino vivencia de fe que brota desde la nueva tierra y la vieja cultura.

La cultura nativa no va a ser asimilada por el catolicismo del Viejo Mundo; el catolicismo va a ser encarnado en el pueblo. No hay un proceso de asimilación, sino de encarnación.

Una nueva fraternidad

La otra característica evangelizadora de María, que quisiera destacar, es esa imagen tierna y compasiva que inspira comprensión y sentido de fraternidad.

María no pronuncia una palabra que lleve al odio o a la revancha. Se presenta como la Madre común y universal: Todos son sus hijos. Sin embargo, se acerca de un modo especial al hijo "pequeño", al pobre al oprimido... Pienso que, sin el fenómeno de Guadalupe, nunca habría aparecido LA NUEVA RAZA.

3. María en la nueva situación del pueblo hispano en los Estados Unidos.

Esta imagen de María, como Madre que encarna, entrega a Jesús y une a los hombres y mujeres de razas diversas, es algo muy actual en nuestra situación en Norteamérica; no sólo para los hispanos, sino también para los ciudadanos de otras razas que han nacido ya aquí, y se llaman "americanos".

Hoy, en nuestro país, el hispano, por una serie de razones económicas, políticas y sociológicas, es también el hijo "pequeño", pobre y muchas veces oprimido por el racismo y otras esclavitudes. En esta situación, María, puede ser una vez más, la figura de la MADRE, que invita a la comprensión y a la fraternidad. Hace cuatrocientos cincuenta años, la política, la guerra y la violencia, no pudieron hacer un pueblo, María hizo una familia: Una Iglesia Católica que se ha ido extendiendo por todo el Continente, en la que quizás es la solidaridad, la nota más destacada.

En este sentido siempre me ha impresionado el sentido de Catolicidad y de Familia que existe en el continente Latinoamericano. Medellín y Puebla son dos símbolos importantes, pero detrás de esto, lo que existe es una realidad rica, un sentido universal y fraternal, que lleva a hablar más de los problemas y esperanzas de Latinoamérica, de la Iglesia continental, que de las Iglesias nacionales.

Las culturas en las diversas partes de Latinoamérica, no son uniformes, son también muy diferentes pero se ha encontrado algo común que une y hace hermanos: la fe en el mismo Jesús, que María encarnó.

Contemplando nuestra situación aquí en los Estados Unidos, podemos afirmar que necesitamos de esa imagen de María, que inspira fraternidad en todos. Los hispanos, en este sentido, no son una carga, ni una amenaza a nuestra cultura, son un desafío a esa cristiana fraternidad. Y es que hablando en cristiano, tenemos que decir que no existen los emigrantes, sino los hermanos.

Por muchas razones, estamos viviendo un momento en el que nuestra devoción por María está pasando por una profunda crisis en nuestro país y muy concretamente entre los hispanos. Las razones son múltiples: El proselitismo de algunas confesionalidades, ciertas predicaciones que presentan a María, como mujer simplemente resignada y alienada, una cultura que ha hecho del sexo un valor supremo... Por eso es necesario encontrar y recordar a la Mujer que toma iniciativas, que dice "SI" a Dios y por medio de la cual, Dios expresa también su misericordia y bondad.

Es necesario que hispanos, americanos y los de cualquier otra raza, podamos sentarnos a la misma mesa, como verdaderos hermanos, unidos por la Madre de todos los pueblos.

Necesitamos que María encarne de nuevo a Jesús en esta NUEVA RAZA, compuesta de tantos pueblos, y que la fe en El, sea por encima de todas las diferencias de lenguas, colores y culturas, la vivencia profunda que nos una y nos haga ser de verdad, UNA FAMILIA.

María, Modelo de Persona Cristiana

1. Reunirse en grupos de tres personas y comparar la vida de María con las bienaventuranzas, tal como se nos narran en S. Mateo 5, 1-16.

   Emplear aproximadamente 25 minutos en esta tarea. Discusión dirigida: Compartir en el grupo y poner en común lo tratado en el grupo pequeño.

2. *Celebración de la palabra*

   Lectura: Mt. 5, 1-16

CAPITULO XIV

MARIA ALTERNATIVA

María no es solamente la Mujer Galilea que dejó esta tierra hace casi dos mil años; tampoco es solamente un tema de estudio y discusión de los concilios o la afirmación de unas cualidades, es también un símbolo que se nos presenta en la vida y nos desafía hacia la esperanza.

1. La gran promesa de nuestra civilización

Cada época intenta "vender" a todas las personas un concepto y una imagen de felicidad. Nuestro tiempo no es una excepción.

Pero, ¿cuál es la imagen de felicidad que se ofrece a nuestra civilización? SER FELIZ es igual a TENER.

Sí, quizás nos cueste aceptar que esto es así. Pero es realmente lo que se nos "vende" utilizando todos los medios, que son muchos, con los que cuenta nuestra sociedad. El pueblo entiende esto y lo expresa con sabiduría: "Dime cuánto tienes y te diré cuánto vales".

Pero, ¿qué es lo que nos invita a poseer, consumir y a TENER, nuestra sociedad? Yo lo resumiría con tres palabras: COSAS, LIBERTAD y AMOR.

2. ¿Pueden las cosas y el dinero hacernos felices?

¿Cuántas veces pensamos en nuestro interior e incluso expresamos: "si yo tuviera... si yo fuera rico o rica... ¿si yo pudiera comprar..."? Detrás de esos puntos suspensivos se esconde la palabra FELICIDAD, sería feliz.

Nuestra sociedad ha inventado mil ingenios, miles de cosas y miles de métodos para hacernos desear, incluso lo inútil y lo malo.

Pero, si somos sinceros ¿podemos admitir que las cosas, el tener, nos han hecho alguna vez realmente felices?

La muchachito adolescente, pasa por las vitrinas de los comercios, ve un vestido precioso... "si yo pudiera comprarlo..." Ya lo tiene: se lo ha puesto dos o tres veces y se olvida. No le hizo feliz, pero ya está deseando TENER otra cosa que también le promete felicidad. No, esta promesa de poseer y consumir, nunca nos hace felices. Todo lo contrario, muchas veces produce en nosotros ansiedad, insatisfacción y al final decepción.

María, aquella muchachito pobre, no tiene nada y se despoja de todo, al aceptar ser la "Servidora del Señor". No opta por el TENER, pero consigue lo que todos buscamos: SER feliz.

Ella entra en el misterio de Dios, desnuda de toda posesión; sin embargo, porque no tiene nada, porque es la "Es clava del Señor" y porque

El ve "su pequeñez", llena de alegría puede exclamar que todas las generaciones la van a llamar FELIZ.

María nos muestra una alternativa ante el TENER. Ella elige la pobreza, el desprendimiento, el SER para Dios. Y esto produce en Ella una felicidad, una dicha que la transciende; por eso todas las generaciones la van a llamar FELIZ.

3. La promesa de la libertad absoluta, como fuente de felicidad

Es la segunda "gran promesa": TENER libertad. Evidentemente que la libertad es un valor. Pero, ¿cuál es el tipo de libertad que se nos "vende"?

Es una libertad que no va muy separada de la anterior promesa. Muchas veces por tener libertad, se entiende, "poseer cosas": tener un carro, un apartamento, dinero para poder hacer lo que me apetezca.

Al final, las cosas nos esclavizan. Vivimos para ellas y producen en nosotros lo contrario a la felicidad, nos producen SOLEDAD.

María entiende la libertad de otro modo muy distinto. Su meta no es tener para hacer lo que le apetezca. Ella decide renunciar a todo para expresar su libertad con estas palabras. "Que se haga en mí, según tu voluntad". Y paradójicamente alcanza SER libre. Esa libertad limpia, de quien no tiene nada, pero es lo que se ha propuesto ser: "La Esclava del Señor". Es una libertad que no consiste en TENER cosas, sino en SER fiel a sí misma y al que es LIBERTAD.

María, al convertirse en, Mujer libre, deberá caminar adentrándose en el misterio, tendrá que hacerse fe, para poder vivir la dicha de la esperanza. Vivir la soledad de su virginidad, para llegar a encontrar la plenitud de la COMUNICACION con el que lo que ofrece, es plenitud de amor.

También en esto, Ella es alternativa, porque elige un camino diferente: No eligió; TENER libertad, sino SER libre y por eso puede cantar:

"Mi espíritu se alegra en el Dios que me salva".

4. La promesa de amor

Esta es la tercera "gran promesa" y la que parece ser definitiva. El amor se canta, se sueña, se hace... se espera llegar a tenerlo un día. Promete hacernos felices. Pero, ¿cuál es el amor que se nos "vende"?

Un amor que no es compromiso, ni fidelidad, sino "realización" y apetencia.

Un amor comercialmente sexualizado, para hacerse estéril.

Hoy, si alguien cuando llega a los veinte años, no "ha hecho el amor", es tenido por un hombre o mujer reprimido, anticuado, sin experiencia...

a veces incluso, se utilizan palabras tan cariñosas, como “tonto”, “ingenuo”...

El amor puede ser algo muy distinto del sexo. Se puede tener sexo y nunca amor. Y por el contrario, puede amarse y ser amado, sin sexo.

Miriam, la virgen joven, no buscó TENER amor, se entregó al Padre y El se entregó a Ella. Así encontró la felicidad y la alegría que le llevó a reconocer “que el Todopoderoso hizo en mí cosas grandes”. Es la expresión de quien ha encontrado el amor. Dios no le dio cosas para TENER; la transformó la hizo SER la mujer fiel y feliz.

Sí, María, tomada en serio, es una alternativa, un modo distinto de enfocar la vida y de encontrar, por un camino original, lo que nuestra cultura dice “vendernos”, cuando en realidad solamente nos engaña, LA FELICIDAD.

CAPITULO XV

MARIA DENUNCIA

Su experiencia de paz y felicidad, le lleva a denunciar todo aquello que las culturas a lo largo de la historia nos han presentado como ideal.

"Sacó a los poderosos de sus tronos
y puso en su lugar a los humildes."

Palabras duras y trágicamente realistas, las de esta muchacha sin cultura. No, los poderosos nunca serán felices con sus "tronos" y su dinero. En cambio, en ellos irá creciendo la ambición que progresivamente les hará más ambiciosos y desgraciados. Ambición que se expresará en TENER dinero, poder, competir... para lo cual, se verán, con frecuencia, obligados a oprimir y usurpar. Olvidarán al hermano necesitado y poco a poco se Irán haciendo incapaces de vivir la dicha del COMPARTIR. Verán en los demás, clientes; en vez de hermanos y hermanas.

"repletó a los hambrientos
de todo lo que es bueno
y despidió vacíos a los ricos".

Con estas palabras no sólo se hace denuncia; también se hace esperanza para los millones de niños hambrientos, para las madres abandonadas a la miseria, para los hombres sin pan y sin trabajo.

Pero no olvidemos que es también denuncia, para los pocos que creen estar saciados a costa de la injusticia, el dinero, la acumulación de cosas y más cosas... Al final, según María, quedarán VACIOS.

Sí, María es denuncia de la injusticia y esperanza de los pobres y los oprimidos.

Dom Helder Camara lo expresa así:

"María, Madre de Cristo y Madre de la Iglesia,
al prepararnos para la misión evangelizadora
que nos corresponde continuar, alargar y perfeccionar,
pensamos en ti.
Pero de modo especial pensamos en ti
por ese modelo perfecto de acción de gracias
que es el himno que cantaste, cuando tu prima,
Santa Isabel, madre de Juan Bautista,
te proclamó la más feliz entre las mujeres.
No te fijaste en tu felicidad,
sino que pensaste en la humanidad entera.
Pensaste en todos.
Pero tomastes una clara opción en favor de los pobres,
como haría más tarde tu Hijo.
¿Qué hay en ti, en tus palabras, en tu voz,

cuando anuncias en el Magnificat
la humillación de los poderosos
y la elevación de los humildes,
la saciedad de los que tienen hambre;
y el desmayo de los ricos,
que nadie se atreve a llamarte revolucionaria
ni mirarte con sospecha?
¡Préstanos tu voz y canta con nosotros!
¡Pide a tu Hijo que en todos nosotros
se realicen los planes de tu Padre!

CAPITULO XVI

MARIA ESPERANZA

Vivimos en un mundo que busca ansiosamente la esperanza, pero que encuentra, las más de las veces, la frustración y el miedo.

Se espera en las cosas, en las libertades, en el amor... pero cuánto vacío, cuántas esclavitudes, cuántas frustraciones y soledad. Sí, buscamos algo que a veces no sabemos ponerle nombre, ESPERANZA. Pero es el desengaño lo que nos envuelve.

Hace unos años, se esperaba en los líderes políticos, en los científicos, en los viajes al espacio... ¡en tantas cosas!

Hoy, el rostro de la persona expresa escepticismo, de una manera masiva. Rostros pálidos y sin alegría, de todas las edades. Pero quizás los más afectados son los rostros de los jóvenes. Pensar en el futuro, ¿para qué? Los puestos de trabajo faltan; el ideal de la fraternidad se ha desenmascarado de sus hipócritas disfraces, para aparecer al desnudo, una sociedad que vive en competición; la paz es más una palabra de los políticos, que una realidad: la guerra entre los pueblos brota en distintos puntos de nuestra tierra, la violencia se hace cada día más visible; la injusticia, el racismo, la muerte por falta de alimentos en millones de personas, entran dentro de la normalidad establecida. Todo esto y otras muchas cosas más, que hace unas décadas llevaron a los jóvenes a hacerse protesta en nuestra sociedad, hoy se reciben, las más de las veces, con indiferencia. Se prefiere vivir sólo el presente. Se elige agotar un momento de placer, en vez de aceptar el desafío de un sacrificio, que aparece como inútil.

Sí, poco a poco se ha perdido la esperanza, y cuando se pierde la esperanza, con ella se pierden los valores humanos, la alegría, gran parte de la ilusión de vivir el reto de la responsabilidad y la honradez.

Seamos claros: cuando uno ve el mundo con ojos abiertos y realistas, termina por contemplar un triste paisaje: los más mueren desesperadamente sin pan y muchos que lo tienen agonizan sin esperanza.

En este mundo así, la figura de María debe ser un revulsivo capaz de devolvernos la fracasada ESPERANZA. Hablar así, puede parecer una consideración piadosa y alienante, para olvidarnos y apagar nuestro pesimismo. Pero pienso que no.

No hay esperanza sin fe. María se no presenta como la persona que es capaz de ser feliz porque CREE.

No hay esperanza sin amor, que sea de verdad entrega, sacrificio, compartir. . . María es la Mujer despojada, pero abierta, pobre pero llena del amor del Padre.

La esclavitud con sus mil formas de expresión, cuando nos atenaza, estrangula también la esperanza. María toma una forma original de esclavitud: "la esclava del Señor" y vive la alegría de saber que triunfará, por eso *las generaciones la van a llamar dichosa.*

No hay esperanza, ni alegría, cuando nos sentimos sucios por dentro, caídos una y otra vez, hasta perder la esperanza de ser limpios. María se presenta en el horizonte de nuestro futuro como la inmaculada, pero también como el símbolo y el desafío a serlo nosotros un día, junto a Ella.

No hay esperanza, cuando la persona se siente fatalmente amenazada por una muerte que se muestra como lo definitivo.

María es la mujer que supo caminar por esta vida, desierto, silenciosa ante el misterio, resignada ante el dolor, pero nunca alienada. Los ojos de la Miriam joven, que aceptaba una maternidad incomprensible, y los ojos de la Miriam Madre que acogía en su regazo al Salvador, siempre supieron mirar a la tierra para aceptar el COMPROMISO y al Cielo para buscar la ESPERANZA.

Sí, Ella ha triunfado. Hoy es la Mujer Nueva Resucitada, en la que la promesa y la esperanza dejaron de serlo, para hacerse PLENITUD de dicha.

María es esperanza porque no es muerte, es VIDA.

Pero Ella no es alguien desentendida de este mundo, es la Mujer solidaria, es la Madre que ESPERA por nosotros.

María, Madre de la Esperanza

1. *Discusión dirigida:*
   a) Jesús antes de morir, nos dio a María como Madre.
   ¿En qué sentido y para qué?
   ¿Cuál es el papel de la madre en la familia?
   b) En las bodas de Caná, María intercede para que Jesús haga el milagro y "adelanta" la "hora" de Jesús. Después de este milagro se nos dice que los discípulos creyeron en El
   ¿Influyó María en la fe de los discípulos? ¿Cómo?
   ¿Puede hoy María, del mismo modo, influir en nuestra fe en Jesús? ¿Cómo?
   c) Hace dos mil años María encarna la fe cristiana en un mundo en el que unos pocos la aceptan y los más la rechazan.
   ¿En qué sentido se puede decir que María encarnó a la fe cristiana en la historia, la cultura y los corazones de América Latina?
   ¿Podría volver a hacerlo en la nueva situación del pueblo hispano en los EE.UU.?

2. *Celebración de la palabra*
   Lectura: Jn. 2, 1-11

CAPITULO XVII

MADRE DE LA "NUEVA RAZA"

Madre de todos los pueblos. Hoy te pido que mires a tu pueblo hispano en los Estados Unidos.

Somos pobres, como lo has sido Tú.

También nosotros vivimos la experiencia de la emigración y la persecución de los "nuevos Herodes".

Muchos de nosotros vivimos en la opresión, la injusticia y el desprecio, que Tú también has conocido.

Pero no somos como Tú:

Ante el misterio del dolor, muchas veces, buscamos el engaño de la evasión y del placer.

Ante la llamada a ser, también, nosotros "servidores del Señor", nos hacemos, con frecuencia, esclavos de la ambición y de las cosas.

Nuestra vida es dura, pero se hace más, al apartarnos "del Dios que nos salva".

Mira nuestros hogares... ¡tantos hogares rotos!

Mira nuestros niños... ¡cuántos sin padre!... ¡hijos de la calle!

Mira nuestras mujeres... miles de mujeres que tienen que vivir su maternidad en la soledad que es traición.

Mira nuestros ancianos, especialmente a esos que, después de tantos sacrificios, tienen que vivir ahora nuestro olvido... nuestro gesto de desagradecidos.

Mira a todos esos seres que nunca han podido nacer, ni expresarse, ni SER HISPANOS. Los rechazos ya antes de nacer.

Míranos a todos: mira al PUEBLO HISPANO.

A veces tengo la sensación de que nuestro pueblo se pierde y se destruye... que es imposible la ESPERANZA.

Hace cuatrocientos cincuenta años, nuestros padres su frían también la opresión, la destrucción y, sobre todo, también a ellos les faltaba ESPERANZA.

Pero Tú bajaste y hablaste con uno de los nuestros —Juan Diego— para expresarle con tu rostro moreno, lo que en él hay de bondad, de amor, de limpieza... de Dios: ESPERANZA.

Era el tiempo del parto de una NUEVA RAZA. Tú, entonces, encarnaste en sus vidas a tu Hijo, Jesús.

Hoy también, aquí entre nosotros, está naciendo UNA NUEVA RAZA. Hoy también nuestro pueblo, vive el trauma doloroso de nacer.

No queremos ser asimilados; no queremos ser una raza abortada, queremos nacer, ser aceptados.

No queremos vivir divididos, porque necesitamos más que nunca compartir en fraternidad la vida de este nuevo nacimiento.

No queremos ser oprimidos, ni explotados, ni discriminados... que se nos respete, no por lo que tenemos, sino por que también en la multiplicidad de los colores de nuestros rostros, está la huella de Dios.

No queremos instalarnos en el consumo, en la sed del desierto... Queremos caminar con los ojos puestos en el horizonte de la Tierra Prometida: nuestra ASUNCION. Queremos marcar con responsabilidad y firmeza, en la arena seca, las huellas de nuestro compromiso.

Te llamaban Miriam, cuando encarnaste a Jesús en Belén.

Te llamamos Guadalupe, por encarnarlo en la historia de nuestros padres.

Encarna una vez más a Jesús en esta RAZA NUEVA.

Anuncia de nuevo, en nuestra historia, la Buena Noticia de tu Hijo. Ante esta "nueva raza", llámate hoy, ESPERANZA.

MIRIAM
THE GALILEAN WOMAN

Presentation

MIRIAM, THE GALILEAN WOMAN

This title might seem a bit strange. To whom does it refer? We are speaking about a humble woman, born in a very poor region of Palestine: Galilee.

She was unknown during her lifetime, even though she was the mother of the "Prophet" called Jesus.

We call her MARY, but her parents, relatives and neighbors called her Miriam.

Mary is a translation of her original Hebrew name into English, as María is the translation into Spanish. But for her, the name was MIRIAM.

Some readers might question the meaning hidden behind this explanation. It is already an accepted assumption that the Hebrew language is not the same as Spanish or English.

When we use the name Miriam, there is no intention of looking for an unique or snobbish title for Mary.

Throughout history, Mary has been referred to with numerous beautiful and sublime names that express the devotion, love and admiration of so many generations. A notable example of this is the many titles used for Mary in the Litany. But, why not at times call her by the name that was used by her parents: MIRIAM?

This book was written with the intention of bringing us closer to that Galilean woman. It is our desire to get to know her better and a good way to begin is by addressing her in a more familiar manner using her original name: MIRIAM.

There is also more to this. It is of utmost importance to recall and accentuate the human aspect of Mary, her feminine qualities.

No one would deny that this is an important aspect of her being. However, in the midst of so many titles and glorious adjectives which people have lovingly used to describe her, in the midst of the many qualities and privileges which are the fruit of theological reflection and study, her feminine qualities have been frequently forgotten.

For this reason, it is my intention to commence this book with the assertion that Mary was a very feminine being, a Galilean WOMAN, known by the name of MIRIAM.

It is not my intention to reveal any new aspect about Mary, or to invent a science about her: a Mariology. My sole desire is to present a humble picture and reflection of MARY.

In the first part of this work, already published in the book entitled: "El Dios de Nuestros Padres," the picture presented of Mary originated from data taken from the Gospels and from cultural sources of her time.

In the second part, we offer for consideration some of the titles and privileges that the Catholic Church, ever enlightened by the Holy Spirit, has discovered in her.

The third part begins with a reflection about the significance of Mary in our lives and concludes with our meditating and praying with this Galilean woman, whom the angel sent by God greeted with the following words:

"HAIL, MARY"

CHAPTER I

"FOR BEHOLD, HENCEFORTH ALL GENERATIONS WILL CALL ME BLESSED"

A young pregnant woman leaves her village to visit her cousin Elizabeth in the mountains. If every pregnancy is a mystery, this one was particularly mysterious: Joseph, her future husband, had not cohabited with Mary, this young girl who walks through the hillside seeking her cousin's understanding heart. Only Joseph and Mary truly believed that this pregnancy was an act of God.

Elizabeth was an elderly woman. She had not been able to bear children, but now, when least expected, and when no one could believe it, she, too, was with child.

Elizabeth and Mary were two good, humble women like many others native to those villages. One was very old; the other, very young. Nobody would have even bothered noticing them. But God did. He selected Elizabeth to be the mother of John the Baptist, who was to prepare the way for the coming of the Lord. He chose Mary to be the Mother of Jesus, our Savior and God.

The two cousins greet each other with the tenderness and joy characteristic of humble people in union with God. Elizabeth congratulates Mary, and in her reply Mary says among other things: "Henceforth all generations will call me BLESSED."

Was this statement simply words from a neighborhood girl?

What would the neighbors have thought if they had heard her? They probably would have labeled her both vain and a dreamer.

But no, Mary was not mistaken. Everything had happened as she had said in her cousin's house.

Has there ever been a more famous woman held in such high esteem as Mary of Nazareth? Has there ever been a queen, princess, actress, who has been the subject of more tributes, shrines, songs, statues, paintings...? Has anyone ever been given more flowers?

If we look back over these two thousand years which separate us from that encounter between Mary and Elizabeth, we would acknowledge the fact that the prophecy of that young girl has been fulfilled.

These past two thousand years have been witness to a continuous murmur of millions of men and women of every race, language and color, uttering an endless litany of praise, calling Mary "BLESSED".

Even nonbelievers must concede to this reality: from that day forward all generations have called this young village woman "BLESSED".

This has been occurring spontaneously. No ecclesiastical ordinance was necessary. This form of praise to Mary came intuitively from God's people.

This has been true throughout the ages in all the diverse nations where the Catholic Church thrives, but, above all, and, without a doubt, the Hispanics have been prominent in their praise of Mary.

This statement is not an exaggeration nor is it meant as an injustice to any other ethnic group. It is simply an acknowledgment of this fact: our forefathers have lived their Catholicism inspired by Mary from the very beginning. Our Church is the one professed universally: "Catholic, Apostolic, and Roman". But in order to honor our historical background, we, Hispanics, must also add the word, "Marian".

Just imagine the problem facing an individual looking for a map of the Latin American continent and of the remaining Spanish-speaking countries that would show the shrines, sanctuaries and grottos dedicated to Mary!

The first and foremost problem would be the tremendous size of this map; but, the major difficulty would be to include everything: all Marian shrines hidden away in some town, pathway or mountainside. Such could never be done.

Would it be possible to gather all Hispanic women whose name is Mary in any one specific place?

And if we would want to count the many statues and paintings in the homes of Hispanic families . . .

Our forefathers have truthfully been able to discover in Mary a model of faith and one of Christian virtues.

Some believe that this devotion to Mary has been exaggerated, but this is not true. No, our love for Mary could never be sufficient and our admiration for this woman chosen by God to be His Mother and ours could never be enough.

Some deviations continue to exist in our devotion to the Virgin Mary, and we should try to correct them. These variations appear when Mary is considered as a "goddess" separated from Jesus and God our Father. This is harmful, since Mary's greatness does not come from her alone, but from God. She herself admitted this to her cousin Elizabeth:

> "God who is mighty has done great things for me, holy is his name." (Luke 1: 49)

In this day and age, we Catholics should continue growing in our praise, devotion and love of this Woman of Nazareth; but, at the same time, we should correct any false interpretation or devotion. We should continue calling her "BLESSED". In order to do this, it is necessary to deeply reflect upon her life and background.

We must go to the Bible, specifically the Gospels, to find the true reality of that tremendously human person named Mary.

CHAPTER II

WHO WAS MARY OF NAZARETH?

The gospels provide very little information concerning Mary's life. St. Matthew and St. Luke are the ones who speak more of her, especially in the narration of Jesus' infancy.

Nevertheless, even though we possess very little information about her, we do have sufficient data to help us know and reflect more deeply on the interior life of that woman whom we also call MOTHER.

1. God changes Mary's plans

Mary and Joseph had become engaged to be married. Surely they were both very young. She probably was no more than fifteen years old, the customary age for marriage at the time. Mary and Joseph had planned to be married and raise a family like any other couple of their day.

Due to the fact that girls became engaged at such a young age, they remained at home with their parents for a period of time. They would then go and live with their husbands.

Mary, although engaged to Joseph, still lived with her parents. This young girl would spend time making plans while thinking of her future marriage and their future children.

At this exact moment in her life, God intervenes with other plans she could never have imagined:

> "You shall conceive and bear a son and give him the name Jesus
>
> (LUKE 1: 31)

Mary does not understand God's message to her and asks the following:

> "How can this be since I do not know man?"
>
> (LUKE 1: 34) 80

God's response left this young girl still with doubt:

> "The Holy Spirit will come upon you and the power of the Most High will overshadow you; hence, the holy offspring to be born will be called Son of God".
>
> (LUKE 1: 35)

Mary's response to God was based on her faith and confidence in Him, allowing herself to enter into the mystery that, without a doubt, she did not understand:

> "I am the servant of the Lord. Let it be done to me as you say.
>
> (LUKE 1: 38)

2. Conflict between faith and life

If we consider this episode superficially, it would seem that everything was going along smoothly; but, that was not the case.

That young girl, filled with faith in God would now face life. Little by little she began to notice the signs of mother hood within herself as her body underwent evident changes.

How would she tell her parents? Would her husband believe her? What would everyone think? Would she be stoned to death outside the city limits according to the law for being considered unfaithful to Joseph?

How many questions and worries should have troubled her poor mind and young heart!

She gave God her FIAT: an unconditional YES. She trusted Him and suffered her adolescent solitude in silence.

In effect, the Gospel tells us that when Joseph realized his future wife was pregnant, he thought of leaving her. He decides not to denounce her since his love for her prevails over his "male chauvinism"; but, he does decide to abandon her.

Yes, these months proved to be very difficult ones for that couple. They often exchanged glances at one another; his, filled with sadness and misunderstanding; hers, filled with purity and mystery. They could look at each other, but were unable to communicate.

God intercedes on Mary's behalf telling Joseph that she has not been unfaithful; what she bears is the fruit of absolute fidelity to Him.

> "Joseph her husband, an upright man unwilling to expose her to the law, decide to divorce her quietly. Such was his intention when suddenly the angel of the Lord appeared in a dream and said to him: 'Joseph, son of David, have no fear about taking Mary as your wife. It is by the Holy Spirit that she has conceived this child. She is to have a son and you are to name him Jesus because he will save his people from their sins."
>
> (MATTHEW 1: 19-21)

3. God's absence is apparent

Mary and Joseph are united in matrimony. God helps them regain their love and confidence. Now they can gaze at one another united in the silence of their unique marriage.

They must soon travel together to Bethlehem to register for the census.

St. Luke tells us:

> "In those days Caesar Augustus published a decree ordering a census of the whole world. This first census took place while

Quirinius was governor of Syria. Everyone went to register, each to his own town. And so Joseph went from the town of Nazareth in Galilee to Judea, to David's town of Bethlehem — because he was of the house and lineage of David— to register with Mary his espoused wife, who was with child."

(LUKE 2: 1-5)

Presently it is time for Mary to give birth to her child. They search for a place, asking God to help them. People feel no compassion for that poor young couple; and, God's absence becomes apparent, seemingly unpreoccupied with their problems.

"While they were there the days of her confinement were completed. She gave birth to her first-born son and wrapped him in swaddling clothes and laid him in a manger, because there was no room for them in the place where travelers lodged."

(LUKE 2, 6-7)

This modest couple is uncomplaining at the sight of a defenseless child that cries and sleeps in a manger. Only their faith and love allow them to face this mystery of God Incarnate.

4. An immigrant family

King Herod wants to kill the Child upon hearing that He will someday be powerful. Mary and Joseph must leave their homeland and emigrate with their Child to Egypt.

There they had to bear the difficulties of their emigration: discrimination, language barrier, lack of employment and living quarters . . .

Surely in these circumstances they would have questioned their situation as we so often do. Why is it that God cannot solve their problems in another manner? Why do they seem to be left alone? Why does Herod appear more powerful than God Himself? Why such injustice?

Mary and Joseph quietly accepted God's will. She very probably would have had to repeat what she uttered several months ago:

"I am the servant of the Lord. Let it be done to me as you say."

5. Crisis of comprehension

It is not clear when the Holy Family returned from Egypt. All we know is that they came back to live in Nazareth once the Child's life was out of danger.

When Jesus was twelve years old, they went to the Temple as in previous years. Without a doubt, this was an important event in Mary's life:

"His parents used to go every year to Jerusalem for the feast of the Passover, and when he was twelve they went up for the

> celebration as was their custom. As they were returning at the end of the feast, the child Jesus remained behind unknown to his parents. Thinking he was in the party, they continued their journey for a day, looking for him among their relatives and acquaintances.
>
> Not finding him, they returned to Jerusalem in search of him. On the third day they came upon him in the temple sitting in the midst of the teachers, listening to them and asking them questions. All who heard him were amazed at his intelligence and his answers.
>
> When his parents saw him they were astonished, and his mother said to him: 'Son, why have you done this to us? You see that your father and I have been searching for you in sorrow'. He said to them: 'Why did you search for me? Did you not know I had to be in my Father's house?' But they did not grasp what he said to them.
>
> He went down with them then, and came to Nazareth, and was obedient to them. His mother mean while kept all these things in memory". (Luke 2: 41-51)

Facing this mystery, Mary again responds with faith and silence.

Subsequently, Joseph dies, although we have no knowledge as to the exact date. Death, though accepted, is not easily understood. Why does God leave Mary alone to face the mystery of her Son's controversial public life?

6. A preacher's mother

The years of Jesus' public life had to be especially gratifying for Mary, although most trying.

Her joy and satisfaction at witnessing her Son's preaching and good deeds, soon turned into fear and insecurity.

Little by little she realizes that her Son is rejected, above all, by the priests and religious authorities. She becomes aware of their plans to kill him. The first apparent attempt made on His life occurred precisely in Nazareth.

Once again Mary is forced to live by faith alone. Should she believe the teachings of her Son or the interpretations given by the priests and Pharisees?

As never before, she faces this mystery in prayer and silence; but, she also had to hear words difficult for a mother to understand.

One day, as Jesus was preaching, He was told that His Mother and relatives were present. Without a doubt, Jesus' reply must have sounded harsh:

> “ ‘Who are my mother and my brothers?’ And gazing around him at those seated in the circle he continued, ‘These are my mother and my brothers. Whoever does the will of God is brother and sister and mother to me.’ ” (Mark 3: 33-35)

This statement was not meant as an offense to Mary. She, better than anyone else, complied with God’s will; but, did she understand this will at the moment?

On another occasion, a woman, who heard Jesus preaching, exclaimed:

> “Blest is the womb that bore you and the breasts that nursed your” “Rather”, he replied, “blest are they who hear the word of God and keep it”. (Luke 11: 27-28)

Does this suggest that Jesus loved His disciples more than His mother?

What Jesus meant was that He places no value on blood relations, but on doing the will of God: following the word of His Father.

In this sense, Mary is the most privileged of all, not for being the Mother of Jesus, but for being “the servant of the Lord”, which is to say, the one who does what God wills.

But we should still question ourselves: What did Mary feel as she heard these words coming from her Son? We do not know, but we can assume that for her, as for any other mother, these words seemed harsh. She reacted the same way she did, when she found Jesus in the Temple many years previous: Keeping all things in her heart and living the drama of her faith in silence.

7. The mother of “a rebellious blasphemer”

The most difficult moments during Mary’s life as mother and woman of faith were the hours of the passion and death of Jesus.

The Romans condemned him as “rebel”, the Jewish religious authorities as “blasphemous”.

> “Near the cross of Jesus there stood his mother, his mother’s sister, Mary the wife of Clopas, and Mary Magdalene. Seeing his mother there with the disciple whom he loved, Jesus said to his mother, ‘Woman, there is your son’. In turn he said to the disciple, ‘There is your mother’. From that hour onward, the disciple took her into his care”. (John 19: 25-27)

Mary of Nazareth, now close to fifty years of age, physically bears the signs of poverty, solitude and pain. Hers is not a youthful beauty, but one of suffering and FIDELITY. What were her thoughts then? In the face of death, one normally feels pain and looks back to the past. Without a doubt, all the memories that she had conserved in her heart, surfaced now, making this moment more incomprehensible.

How does one understand the death of a young son: falsely condemned, scourged, crucified, accused of being a religious impostor, a traitor to His people . . .?

What did the mutual gaze of this Mother and Son convey as they looked at one another thirsting for justice, but unable to find relief in the barrenness of Calvary.

No, Mary could not have understood all that happened, but having given her FIAT to the Father, she had no right to object. Hers was a life of suffering, silence and belief in God alone, her only Hope.

8. Mother of the Risen Christ

The resurrection of Jesus undoubtedly was the cause of Mary's supreme joy, a happiness unknown to any other mother. The Gospels are uninformative as to the appearances of Jesus to Mary. This does not imply that it did not happen. This incident only reflects what was always perceived throughout the Gospel: Mary lives her greatest moments in silence.

Mary is the only Mother who has witnessed her Son's resurrection, His triumph over death. That same Son, once held as a child in the stable of Bethlehem and again in her arms at Calvary, as the victim of man's inhumanity, is now seen in all His glorious splendor.

When something good or bad happens to a child, it is normally felt by the mother. Now, this risen body of Jesus continues to be part of Mary, His Mother, the life of her womb.

Perhaps then she repeated the same words she spoke when she visited her cousin Elizabeth:

> "He has upheld Israel his servant, ever mindful of his mercy; even as he promised our fathers, promised Abraham and his descendants forever".

The resurrection of Jesus was not only the sign of God's assistance and compassion, but also the manifestation and triumph of God.

> "...holy is his name; His mercy is from age to age on those who fear him. He has shown might with his arm; he has confused the proud in their inmost thoughts".

Mystery, Life, Sorrow and Hope

1. *Shared Mission*

   Which moments do you think have been the happiest in Mary's life?

   Which ones have been the hardest?

   In difficult moments, Mary must have prayed to the Father, but many times He seemed not to listen.

   What does it mean that He didn't listen to her?

   What did Mary do? (What was her attitude?)

   In what ways does your life resemble Mary's life?

   In what ways are they different?

   Which moments are the happiest in your life?

   Which ones are the most difficult?

   How do you feel when you pray to the Father and He apparently doesn't listen to you? What do you do? What attitude do you have concerning life?

2. *Celebration of the Word*

   Reading: Lk. 1, 26-38

CHAPTER III

WORDS OF MARY

We have already seen that the life of Mary is filled with moments of silence which tell us of her faith and fidelity. But the Gospels also relate some of her thoughts which would be convenient to remember now.

1. Words of prayer

In the Annunciation, Mary seems to be praying, speaking to God: she listens to Him, asks Him questions, and accepts His will with her unconditional FIAT.

Later on, when she visits her cousin Elizabeth, we hear her once again in her joyful praise and hymn of gratitude to God:

> "My being proclaims the greatness of the Lord, my spirit finds joy in God my savior. For he has looked upon his servant in her lowliness; all ages to come shall call me blessed. God who is mighty has done great things for me..." (Luke 1: 46-49)

But in this prayer she also denounces the rich man's sin and proclaims God, Liberator of the poor:

> "He has deposed the mighty from their thrones and raised the lowly to high places. The hungry he has given every good thing, while the rich he has sent empty away."
>
> (LUKE 1: 52-53)

2. Words of service

She had been invited to a wedding and there was not enough wine to drink. This tells us that the family was a poor one.

Mary realizes what is happening and is sensitive to the embarrassment that this family will suffer. She wants to be of service to them; she wants to do something. She approaches Jesus and tells Him:

"They have no wine".

She never asked for anything for herself; she asks for the poor.

3. The "Gospel" of Mary

It would seem strange to hear that Mary preached. Nonetheless, one day it happened. Her sermon, though brief, contained a way of life for all Christians, the followers of Jesus.

It happened precisely at the wedding in Cana. After telling Jesus about the wine, she listens to His words:

> "Woman how does this concern of yours involve me?"
>
> (JOHN 2: 4)

Notwithstanding, Mary says to the servants:

"Do whatever He tells you". (John 2: 5)

This marks a way of living for Christians. Our forefathers who venerated Mary throughout the centuries, heeded her message. It was handed down to us and was our guide towards a life of honesty, sincerity and love. We should also direct our children and our children's children with her message:

"Do whatever He tells you".

Mary's Words

1. Divide into groups of three persons and look through the gospels, searching for the passages in which Mary speaks. Each group chooses a phrase of Mary that most impresses the group.

   After ten minutes the whole group meets to begin a guided discussion about "Mary's words".

   Texts: Lk. 1, 34; 1, 38; 1, 46-55; 2, 48; Jn. 2, 3; 2, 5.

4. *Celebration of the Word*

   Reading: Lk. 1, 39-66

CHAPTER IV

DEVOTION TO MARY

1. Clarification of ideas

a) Over the years there have been widespread accusations against the Catholic Church, that Catholics, especially Hispanic Catholics adore Mary, her statues and paintings.

Is this accusation valid? Is there any truth to this? Evidently not. The Catholic Church does not adore Mary, nor her images or paintings. On the contrary, the Catholic Church absolutely prohibits any cult alien to the adoration of God. Worshipping another being is the sin of idolatry. We adore God alone, and Mary is not God.

Still there are some who, carried away by their fervor to the Blessed Mother and through lack of religious formation, seem to adore her in their devotional practices. This is due to pure ignorance. Such practice, while not approved by the Catholic Church, does not imply any ill will or sin on the part of those involved. Throughout the centuries, the Church has constantly reaffirmed, by means of the Councils, the Popes, and religious education, that we adore God alone. His mother, the Virgin Mary, and the saints, are venerated precisely because they imitated and followed Jesus in their lives.

b) Is it wrong to keep statues of Mary?

Without a doubt, the answer is NO. We are definitely permitted statues and pictures of Mary. Beneath it all, this question to keep statues of Mary seems a bit out of place. Do we not keep pictures of our parents, a son who is far away, one who has died... or simply a wedding picture? Do we adore these pictures?

Photographs, statues, paintings... are only material substances: paper, wood, marble, canvas... yet they can be more meaningful. The picture of my mother is a symbol of many loving and grateful memories. When I kiss her photograph, I am not merely kissing a piece of paper but rather expressing my heartfelt love for her. Through the picture I feel closer to her.

Upon seeing a statue or holy card of Mary, I am reminded of her purity, love and commitment. She is a symbol of the "good" woman, a temple of the Holy Spirit and the one chosen by God as our mediator to Jesus.

When we kiss a picture of Mary, we are thanking God our Father for that wonderful mystery of His wanting "to be with us, to be born of a woman".

Do you think that Jesus could be so inhuman as to prohibit us to love and admire His own Mother?

In conclusion, let us return to the original question which has been rendered absurd not through theological study nor deep thought but rather through common sense.

Do you think that Jesus would like to see us take away all the symbols and the pictures of His mother from our churches, His dwelling. This is the woman, that 2000 years ago, brought Him into this world, fed Him and cared for Him. She accompanied Him during the most difficult moment of His life, at the foot of the Cross.

Does this mean that those who believe in eliminating all Marian images are wrong? No. We should apply the same criteria that was indicated earlier in this chapter while speaking about humble people, who with their love and simplicity, adored Mary. Those who go to one extreme or the other are not generally malicious people. We should take care to avoid these two situations. We cannot adore Mary, but we should venerate her.

2. When and why did the Church begin its devotion to Mary?

God praises Mary

The first one who begins praising Mary is God, who greets her through the words of the angel that will be repeated millions of times by God's people:

"Rejoice, Oh highly favoured daughter! The Lord is with you."

Nonetheless, the first Christian generations do not venerate Mary. In the infancy of that first community, they were still unaware of Mary's glory, as a means of praising and giving thanks to God.

The primitive communities begin to venerate the Martyrs

Those who gave their lives in fulfillment of the Gospel, the martyrs, were the first ones admired by the budding Christian community. This is due to the fact that the martyrs were imitators of Christ. Thus, our devotion to the Saints was born, a devotion that gave the community the desire:

— to imitate them;

— to thank God for the first fruits of the redemption of His Son;

— to ask them to intercede for the pilgrim believers on earth, since the Saints were considered followers of Christ and close to the Father in heaven.

In the Acts of the Apostles, we already find examples of this imitation. Let us examine the parallel that exists between the words of Jesus in His passion and those of Stephen in his martyrdom.

"I see an opening in the sky, and the Son of Man standing at God's right hand."

(ACTS 7: 56)

". . . you will see the Son of Man seated at the right hand of the Power . . ."

(MATTHEW 26: 64)

"Lord Jesus, receive my spirit."

(ACTS 7: 59)

"He fell to his knees and cried out in a loud voice, 'Lord, do not hold this sin against them.' And with that he died."

(ACTS 7: 60)

"Father, into your hands I recommend my spirit."

(LUKE 23: 46)

"Jesus uttered a loud cry..."

(LUKE 23: 46)

"Father, forgive them..."

(LUKE 23-34)

"And after he said this, he expired. (Luke 23: 46)

What we desire to emphasize here is that the devotion to the Saints, and, later to Mary, did not evolve from a simple admiration to them alone. The principal reason for such devotion is that they were followers of Christ and faithful to the grace they received from the Father, by means of the Spirit.

The Community discovers Mary

The devotion to Mary becomes apparent in the History of the Church during the 4th and 5th centuries. In the beginning, this devotion was fundamentally one of praise, even though at times, it was a plea for her intercession.

For example, the following 4th century prayer:

> "Your mantle of mercy protect us, Oh, Mother of God. Do not forsake us in our need, but free us from every evil, you who are the only pure and worthy one of praise."

The Marian feastdays originated for those dedicated to Jesus, where Mary always appears in union with Him. Above all others, the Christmas feast is the most influential in this sense.

Nonetheless, as the community's devotion to Mary grows, many other new feastdays appear, some of which are not directly related to her Son. An example of this is the feast of the Nativity of Mary. As time evolves, the consciousness of the Christian community awakens to the fact that Mary is God's gift to our race. But our devotion to her is not apart from that of Christ's; Mary has a special place in our devotion to Jesus.

It is worth noting that this devotion to Mary was not initiated by the Hierarchy, but was born of the people who expressed their admiration and love for this Woman, who held Jesus in her arms at Bethlehem and later stood close to the Cross of Her Son.

For this reason, Mary is soon considered the most privileged of all "Saints", since she is the closest to God and thus better able to intercede for us. Soon, Marian feastdays, prayers and songs of praise multiply rapidly. On the part of ecclesiastical authority, the calendar of her feastdays is established. At the same time the different Councils and Papal documents affirm the principle truths of Mary.

Concerning our devotion and veneration of Mary, the apostolic exhortation published by Pope Paul VI, February 2, 1974, entitled: MARIALIS CULTUS, is worthy of mention.

Upon review of this process, one sees the presence of the Holy Spirit in God's people, as they reflect more deeply on the person of Mary, Mother of our Saviour. The ecclesiastical authorities are guided by this same Spirit, when they later proclaim what God's people had already sensed. Thus, in the history of our community, the words that Jesus spoke to His disciples during the Last Supper find their fulfillment:

> "The Paraclete, the Holy Spirit, whom the Father will send in My name, will instruct You in every thing, and remind you of all that I told you." (John 14 26)

The same is true of those words spoken by Jesus on another occasion:

> "I offer you praise, O Father, Lord of Heaven and earth, because what you have hidden from the learned and the clever you have revealed to the merest children. Yes, Father, you have graciously willed it so." (Luke 10: 21)

In the following discussions, some of these truths that the Catholic Church teaches about Mary will be presented. Before that, it is necessary to clarify the fact that everything the Church discovers in Mary is by the grace of God.

CHAPTER V

IMMACULATE CONCEPTION

1. The Doctrine of the Church

> "...In honor of the holy and indivisible Trinity for the glory of the Virgin Mary, Mother of God, for the exultation of the Catholic faith and the growth of the Christian religion, with the authority of Our Lord Jesus Christ, of the Blessed Apostles Peter and Paul and with our own; we declare, proclaim and define that the doctrine that sustains that the Blessed Virgin Mary was preserved free of all stain of original sin from the first instant of her conception by a special grace and privilege of God Almighty, in attention to the merits of Jesus Christ, Savior of all mankind, is revealed by God and, as such, should be believed by all the faithful". (Pius IX)

Christians had already proclaimed for centuries that Mary was immaculate. But on December 8, 1854, the successor of Peter affirmed it solemnly to the whole Church.

But what does Mary's being immaculate mean?

It fundamentally means two things:

a) That she never experienced sin from the moment of her conception to the last days of her life on earth. This means that Mary was free from that incapacity to love, which tends to ferment a radical selfishness, thus inclining us constantly toward sin.

b) That she was always full of grace, filled with the love and friendship of God. God gave Himself to Mary without reserve.

This does not mean that life was easy for her, that she did not have to face the mystery of death and suffering; that she did not have to struggle against the temptations that appear in the life of every human being.

2. Mary's Testimony

The truth of the Immaculate Conception was only defined a little more than a century ago; yet, being Immaculate is the profound experience that Mary lived constantly throughout her lifetime.

Let us recall: the young girl Miriam realizes that her cousin is pregnant. She is filled with joy and begins to walk through the mountainside towards that little village where her cousin Elizabeth lives, in order to share her joy, labor and the mystery surrounding this event.

This is one of the most meaningful moments of her life that leads her to feel, in a very special way, God's love for her. She joyfully exclaims:

"My being proclaims the greatness of the Lord, my spirit finds joy in God my Saviour." (Luke 1: 46-47)

"God who is mighty has done great things for me."
(LUKE 1: 49)

3. The Symbolism for us

But Mary, free from selfishness and open to love, does not think only of herself or of God. She thinks of others— also of you and of me — and she therefore continues:

"His mercy is from age to age and those who fear Him."
(LUKE 1: 50)

Lastly, it also means that we are called to a life of love, freed from sin and death. She is the first of our race to have lived that joy as a special privilege from God. Mary is the guiding light that illuminates our desire for purity and honesty, which are present at the very root of our being and which one day will be ours, even though we experience constant frustration due to the presence of sin in our lives.

No, the dogma of the Immaculate Conception is not a cold theological truth to be affirmed and accepted rationally as an imposition. It reflects above all a reality already lived by Mary. The Immaculate Conception is the hope of us all that one day, with Mary, we shall experience our selves fully cleansed and totally filled with the love of God.

CHAPTER VI

"...AND HE WAS BORN OF THE VIRGIN MARY"

1. The Doctrine of the Church

These words from the Creed are derived from the "Symbol of the Apostles" (Apostles Creed). Obviously, we affirm that Mary was a virgin, a fact that the Catholic Church has been teaching for centuries, even though it has not been universally accepted by all. By reason alone, it is impossible to understand how a woman can give birth and remain a virgin. Therefore, in the year 649, the Lateran Council clearly affirmed Mary's virginity stating:

> "...according to the teachings of the Holy Fathers, the Holy Mother of God, the Immaculate Virgin Mary, fittingly and truthfully conceived of the Holy Spirit without human intervention, and gave birth to the Son of God, who always WAS from the beginning of time. She engendered Him without blemish, maintaining her indissoluble virginity even after having given birth..."

Although the Council is clear about this, many Catholics today still accept it with difficulty, or even deny it, one way or the other. Why does this happen? Probably because human reasoning wants to compete with God. It wants to understand logically what is above all logic. But what is saddest of all, it wants to satisfy its pure curiosity, even when at times it can be crude and disrespectful with some thing so intimate, and mysterious. No arguments will follow proving that Mary was virgin, neither any explication about how this was possible, only an invitation to take the Bible in hand, look up Luke 1: 26-38 and later Genesis 1: 1-31. Why is it so hard to believe that one who was able to do all that Genesis tells us is also responsible for what is narrated in Luke?

What do we mean when we say that Mary was a Virgin?

The II Vatican Council affirms that all revealed truths are not meant to satisfy our curiosity but to further our salvation. For this reason, we should reflect on this topic and ask the following question: What did God want to reveal to us about Himself in this event so as to further our salvation?

He evidently does not want to condemn sexuality as something evil; that would contradict what Genesis tells us "and God saw that it was good". Therefore, God chose to be born from the union of man and woman, not a sinful act, but the fulfillment of one of the first precepts that God gave us: "Be fertile and multiply."

Mary's grandeur therefore does not come from being a virgin, but from being chosen by God to be His mother, and, to use Jesus' own words, for having "heard the word of God and kept it", better than anyone else in the world besides Jesus Himself.

In the Hebrew culture being a virgin was not considered a virtue. The most fundamental feminine quality was fertility, so much so that a barren woman was despised, looked upon as inferior and considered as punished by God. Being barren impoverished womanhood. Perhaps Mary meant this when she said the following referring to her virginity: "For He has looked upon his servant in her lowliness . . ."

Returning to our original question: What did God wish to reveal to us about Himself with this symbol of virginity? The answer is based solely on conjecture and reflection. The following opinions should be interpreted in this light.

Normally, a human person is born of the loving encounter of two hearts that are united. Jesus is born of the encounter of a humble woman with God. He is born to begin a new creation, to proclaim new values, and to liberate and save men and women from several types of slavery. Thus, to be born of a virgin is entirely symbolic of the transcendence of nature and the fulfillment of love. For this reason, Jesus has both a divine and human nature: born of a woman, divine by the power of the Holy Spirit.

2. Mary's testimony

In a world where sex is often presented as the fulfillment of happiness and self-actualization, God offers us a different alternative. The cause of our happiness is not sex, but our unconditional surrender to Him, to His mystery. Elizabeth clearly relates this to Mary: You are happy because you have BELIEVED. Faith in God is superior to the realization of one's potentials. It is neither the understanding of the mystery, nor a direct answer to the question "How can this be since you do not know man?" that makes Mary BLESSED, but rather her answer to the mystery: "Let it be DONE to me as you say."

3. Its symbolism for us

Mary was the beginning. Since her time, many men and women throughout our history have chosen a life of consecration to the Father. When a religious professes a vow of chastity, he or she is renouncing paternity or maternity; it is a form of saying YES to a very different and original way of sharing love.

Finally, Mary, the one who is going to be the mother of all believers, will not take man as husband, but rather God. He thus reveals Himself to us as the FATHER, participating in our history, through union with our race by means of a Galilean WOMAN named Miriam.

The Devotion to Mary

1. *Guided discussion:*
   a) What are the reasons for which we must have special devotion to Mary?
   What deviations do you find in some devotions?
   How could these be corrected?
   Why can we have images and holy cards of Mary?
   What do they symbolize?
   Why can't Mary be adored?
   b) The Catholic Church is a complete family: Father, Mother, brothers and sisters.
   Role of the mother in the family.
   Role of Mary, our Mother, in the life of the Church.
   Why can we pray to Mary to intercede for us?
   Why must we love Mary?

2. *Celebration of the Word*
   Reading: Jn 2, 1-11

CHAPTER VII

THE MOTHER OF GOD

1. The doctrine of the Church

This is, without a doubt, the most important truth about Mary. Denying this has serious consequences that affects not only her, but Jesus.

Once again we face a mystery, and once again human reasoning and logic want to convert something into a rational, scientific truth, which is really a mystery and question of faith.

Some prefer to say that Mary is the mother of Jesus, but not the mother of God, since God always existed and could not have a mother.

This version apparently seems to be correct, but let us analyze the consequences: If Mary is the mother of Jesus, but not the mother of God, then who was Jesus? Wasn't Jesus, God-made-Man?

In the 5th Century a Theologian named Nestorio sustained that Mary was the mother of Jesus and not the mother of God. Now, in order to affirm this, he had to show that there were two persons in Jesus: a divine one and a human one. This complicates matters.

Was the Jesus that was born, preached, died... the divine person or the human one?

Up to what point can we say that God became man, if in reality He was not born as a man?

In order to answer these questions and other doubts, the Council of Ephesus was covered in the year 431.

The people at the time, anxiously waited at the doors of the Council. When the Council ended and defined that Mary was MOTHER OF GOD, loud cheers and applause were heard everywhere. The people accompanied their Bishops in a torch procession through the streets as a sign of their faith and joy.

Once again the Holy Spirit speaks, not only by means of the Council, but also through the joy and enthusiasm of the people.

The following paragraph was read and approved during the first session of the Council of Ephesus:

> "From the very beginning Mary did not give birth to just any man, from whose body the 'word was made flesh', but, this union took place in the maternal bosom where it is said that He was born of a woman, and took her flesh as His own. For this reason the Holy Fathers never doubted in calling the Holy Virgin Mary, the Mother of God."

Twenty years later the Council of Calcedonia reviewed the same topic and confirmed with greater clarity what the Council of Ephesus had already approved and affirmed.

A century later, the Second Council of Constantinople convenes in 553 and reflects on the same topic.

The doctrine that was proclaimed in these three Councils could be resumed in the following manner:

1. There is only one person in Jesus, which is divine.
2. There are two natures in Jesus: a divine one and a human one.
3. Mary is the Mother of the only person that exists in Jesus: MOTHER OF GOD.

2. A mother called Miriam

All of these important theological problems are nonetheless, too abstract, and leave us a bit dehumanized. For this reason, let us return to that young woman who could not understand how she could become the Mother of "the Son of the Most High".

A struggle between anguish and hope is a consequence of every maternity. Mary's maternity was not any easier. She too had to face the paradox of living these feelings of anguish and hope. As she took her son into her arms after that first Christmas, it was not easy to believe that that tiny child was the Creator of Heaven and Earth.

When she finds Him in the temple at the age of twelve, and listens to those words: "Did you not know I had to be in my Father's house?", she did not understand. But, perhaps, she did understand that her son did not belong to her any longer. By being both mother and woman, she consequently felt both the joy of finding Him, and at the same time, the anguish of losing Him without fully understanding why.

It was the First Good Friday, when a fifty-year-old widow holds her dead Son close to her bosom after He had been betrayed, falsely accused and destroyed... That humble woman again had to live the mystery and pain of her Son's death.

Mary's SILENCE on these occasions is a profound cry of faith that is drowned in a sea of incomprehension and mystery. It is the renewal of her FIAT to the Father: "I am the servant of the Lord. Let it be done to me as you say."

Yes, the Mother of God was a woman who had to face the challenges of life, pain, and faith. This Woman, ignorant of Theology, knew how to always answer YES to the Mystery of the Father.

3. "God with us"

Miriam was a mother and her son's name was EMMANUEL, which means, God with us. Mary's "FIAT" was also a contribution to our history.

It also meant something very special to us. This young mother shows us the child she holds in her arms, who is the "prophet of the Most High": The One who is "to shine on those who sit in darkness and in the shadow of death, to guide our feet into the way of peace." (Luke 1: 79)

God the Father chose to give and show Himself to us through Mary, the Mother of God — through the fruit of her womb.

CHAPTER VIII

THE ASSUMPTION

1. The doctrine of the Church

Already from the fourth and fifth centuries many theologians, but above all God's people, believed that Mary was assumed into heaven. Nevertheless, the Catholic Church does not officially define this truth until our very own century.

It was on November 1, 1954, His Holiness Pope Pius XII, surrounded by 36 Cardinals, 555 Patriarchs, Archbishops and Bishops, and in the presence of a multitude, spoke to the entire Church from outside the Vatican Basilica, officially and solemnly defining the Assumption of the Blessed Virgin Mary. The following is the most important part of his speech:

> "After intensive prayer and invoking the light of the Spirit of Truth, for the greater glory of God, who looked down upon the Virgin Mary with a special benevolence; for the honor of His Son, Immortal King and Victor over death and sin; for the greater glory of His Mother and for the joy and happiness of the entire Church, with the authority of Our Lord Jesus Christ, of Blessed Peter and Paul, and with our own, we pronounce, declare and define as divinely revealed dogma that the Immaculate Mother of God, the Blessed Virgin Mary, upon ending her days on earth was assumed body and soul into Heaven."

At the conclusion of his speech, it is again God's people, who, as protagonists approve the words of the Pope with an authentic roar of enthusiasm.

Once again we are confronted by many doubts and questions. Did Mary really die or did the Father simply take her to heaven without having had to experience death? Our criterium once again respects the mystery surrounding this event. Nonetheless, we will formulate our humble opinion.

How did this happen? Surely our imagination is unable to answer this question. It seems probable, and this is the most common opinion shared by many theologians, that Mary died, as corresponds to her human nature. But these questions only satisfy our curiosity without shedding any light as to the meaning of this mystery. A more appropriate question would be: What did God want to reveal to us with the Assumption?

2. God rewards Mary

At first sight, the Assumption is a clear manifestation of God's love for someone who always responded positively to whatever He asked of her.

This woman gave birth to a Son in a world unwilling to find a place for her to stay.

This same Woman also was in agony at the sight of the death of her Innocent Son.

3. A symbolic promise for us

There is something more meaningful to all this. The Assumption is an exception to the law of nature, and the symbol of a promise. Mary is already risen to a life of glory and experiences the eternal HAPPINESS of the Blessed Trinity.

The promise refers to us. All of us are called to one day share in this same happiness. What is already real for her, awaits us in HOPE.

The Assumption, being first experienced by Mary herself, is a cause of great joy for us. She was unknown to those of her time; appreciated only by God Himself. This woman, Mother of Our Saviour, after having lived a pain filled life surrounded by mystery, is now in possession of eternal happiness. God wished to anticipate the manifestation of the fullness of His love for her by taking her up into Heaven.

Because of Mary, we are also able to live the future joy of our own resurrection.

Mary, now free from pain and death, symbolizes the destiny of our race. Above all else, her Assumption is a special symbol of hope for all those who are victims of the greed and selfishness of the powerful of this world. She also lived the experience of being poor, of being an immigrant, a true victim of oppression and injustice: she was the mother of the Crucified One. Not only is she the Mother of the Saviour, but also Mother of the Liberator of the oppressed. She was the first one to be saved and liberated. She is now presented to us as the first fruit of God's Redemption: a symbol of the Father's love, our new horizon, and, above all else, our HOPE.

Inspired by the Holy Spirit, Mary had once said the following about God:

> "...holy is His name; His mercy is from age to age on those who fear Him."
>
> (LUKE 1 49B-50)

She has already experienced the fullness of God's favors. We, her children, will one day experience her joy in the resurrected life.

CHAPTER IX

MARY IN THE II VATICAN COUNCIL

Of all the Ecumenical Councils, Vatican II is unique in its clear and precise presentation of Marian doctrine.

Simplicity is the rule; and, the truths expressed are presented in a non-dogmatic fashion.

The following is a series of the most interesting affirmations made by the Council. They clarify ideas and enable us to feel better acquainted with the doctrine of the Catholic Church concerning Mary.

a) In Chapter VIII of the "Constitution on the Church", the Council inserts Mary. This, in itself, is of great importance.

She is not something set aside from Jesus and His Church. She is definitely a part of the plan of salvation.

b) In the very introduction, there are three outstanding assertions:

• The Son of God was born of the Holy Virgin Mary by the power of the Holy Spirit.

• The Virgin Mary is the Mother of God, redeemed in a very special way prior to His redemption of the world. She is the favorite daughter of the Father and temple of the Holy Spirit; she "far surpasses all other creatures, both in Heaven and on earth". The Catholic Church "honors her with filial affection and piety as a most beloved Mother."

• The Council describes the role of the Blessed Virgin Mary in the Mystery of the Incarnate Word and the Mystical Body.

c) In the second part, "the Sacred Scriptures of both the Old and New Testaments, as well as Ancient Tradition, show the role of the Mother of the Saviour in the economy of salvation."

d) The third part deals with the theme: "Mary and the Church". The following points are worthwhile reviewing:

• Jesus is the only Mediator between God and man, but "the saving influences of Mary stem from the superabundance of the merits of Christ."

• Mary is also our spiritual Mother, our Mother in the life of grace.

• "By her maternal charity Mary cares for the brethren of her Son who still journey on earth surrounded by dangers and difficulties." Her protection aids us in experiencing a greater intimacy between Christ, the one Mediator, and ourselves. "She brought forth on earth the Father's will, the Church herself becomes a mother by accepting God's word and faith. For by her preaching and her baptism she brings forth to a new and immortal life children who are conceived of the Holy Spirit and born of God, her role throughout history."

• Mary is a model of virtues and a perfect example for us to imitate.

e) The fourth part is dedicated to our devotion to Mary and states the following:

• When the Church honors Mary with special reverence, it is fulfilling the prophetic words: "All ages to come shall call me blessed."

• "The Church has endorsed many forms of piety toward the Mother of God."

f) The fifth part is entitled: "Mary, a Sign of Sure Hope and of Solace for God's people in Pilgrimage." There are two main ideas in this section:

• That Mary already possesses the spiritual glory which will someday be experienced by the Church, the pilgrim People of God who await the Second Coming of the Lord.

• That all Christians should seek Mary's intercession for the union of "all the peoples of the human family" into the "one People of God."

Holy Mary

1. *Guided discussion:*
   a) Which are the principle truths that the Church has taught about Mary?

      Comment on each one.

      What was the role of the Holy Spirit that led the Church to affirm these truths?

      How did Mary live these truths in her life?

      What relation do these truths have with our life?

      What message do they give us?

   b) What is the basis of Mary's holiness?

      Is it in the Bible that Mary is a saint? Where?

2. *Celebration of the Word*

   Reading: Lk 2, 1-7

CHAPTER X

MARY, MOTHER OF THE CHURCH

1. The teaching of the Church

Without a doubt, declaring Mary, Mother of the Church, is the best contribution that the II Vatican Council has made.

Until Vatican II this title was very seldom used. In 1125 Berenguer applied it to Mary. Much later, Popes Leo XIII and John XXIII utilized it, though never officially. Even though the maternal function of Mary is implicit, the Council does not use this title in the official document.

Pope Paul VI is the one who officially bestows this title on Mary. It was November the 21st during the closure of the third session of Vatican II.

These were his words:

> "For the glory of the Virgin and our own consolation, we proclaim the Blessed Virgin Mary to be Mother of the Church, that is, Mother of all the People of God."

What does Pope Paul VI wish to convey with this title? Is it merely a pious description, or does it wish to express a profound theological truth? After a careful analysis of the Pope's speech, it is quite apparent that he wishes to give the proclamation of Mary as "Mother of the Church" a serious theological meaning, not simply a metaphorical one. A few of his thoughts, taken from his speech, are worthy of mention:

a) Mary is a vital part of the Church. She is "a principle part, a chosen part". She belongs to the Christian people; by nature she is our sister.

b) She is the spiritual Mother of the Church: the faithful and their pastors.

c) She is not only the mother of individuals, but also Mother of the community.

d) The role of Mary in relation to us and in relation to Christ stems from the same fundamental concept: Mother.

e) Closeness is expressed. The Pontiff states:

> "The place of the Mother of God in the Church is above all others and the nearest to us except that of Christ's, in such a way that with the title 'Mother of the Church' we are able to venerate her for her glory and our consolation."

2. There is no maternity without pain

Once again we must go from doctrine to real life. We will begin by asking: What was Mary's experience of this maternity during her lifetime?

Jesus began preparing his mother so that she would be able to live this other maternity. The Gospels give us the impression that with time Jesus became more distant from His mother. We have the episode of the temple in which Jesus was only twelve years of age and Mary did not under stand His words.

The following words spoken by Jesus, appearing harsh at first glance and possibly being so for Mary, can be understood in the same sense: "Who are my mother and brother . . .?" Even His way of addressing her, not with the name of mother, but with the name of "woman" appears harsh.

The most difficult moment is that in which He announces her maternity in a very symbolic manner: "Near the cross of Jesus there stood His mother, His mother's sister, Mary the wife of Clopas, and Mary Magdalene. Seeing His mother there with the disciple whom He loved, Jesus said to His mother, 'Woman, there is your son.' In turn He said to the disciple, 'There is your mother.' From that hour onward, the disciple took her into his care". (John 19: 25-27) It is necessary for Mary to give up her Son, whom she will be separated from by death. She must begin to live the painful transformation of commencing a new type of maternity: to accept as son, John, the disciple of her son Jesus: "a spiritual maternity".

3. God shares

What did God plan to reveal of Himself by making His Mother ours also? There are two aspects which outshine all others:

a) God shares; in the first place He becomes one with us through Jesus, during His birth, His life and death. Jesus also wants to share His fraternity with us, inviting us to address His Father as our Father and His own Mother as our Mother.

b) We are a family; but, we are an orphan family. When a mother is missing in a home, there is a lack of warmth... it is an incomplete family. When we say that Mary is our Mother, mother of God's people in pilgrimage until the day of resurrection, we affirm that God also wants us to be an authentic family: father, mother, brothers and sisters. Once again this truth about Mary culminates in a truth about God Himself.

CHAPTER XI

LOOKING AT THE FUTURE (Reflection)

Up to now we have explained the principle truths of the Church concerning Mary. Has the II Vatican Council discovered the entirety of Mary's image so as to render unnecessary any further investigation in this field?

My answer is NO. The human person is an inexhaustible mystery; more so, as in the case of Mary, the human mystery crosses into the realm of God. We will never know enough of Mary.

Although the Church has affirmed many issues with regard to Mary, a continued probing the Scriptures is necessary for their comprehension. This is a future task for theologians.

There is a fact that has been almost completely ignored by the doctrine of the Church up to now: the fact that Mary, the one chosen by God to be His Mother, was a Woman.

It may sound a bit strange, yet it does not alter the fact. The picture that the Church paints of Mary is fundamentally celestial, having been viewed from God's plan over her life. Even though it is evidently acceptable and necessary there is still more to be added to the picture.

Let us once again ask the question repeated so many times before: What did God wish to reveal to us when He chose a woman to live the second most important mission in life? It is a question that will receive no answer in these pages, only an insinuation that might shed some light on this issue for future reflection.

1. Woman was an oppressed being

The woman that lived during Mary's time and culture was an oppressed individual. She was a second class citizen. Man and woman were created in the image and likeness of God. Even though the Book of Genesis clearly speaks of the dignity of all humans, in light of the previous statement, it was not something that was practiced in Mary's time. The laws governing divorce and the issue of infidelity in existence at that time will prove this point.

Did someone think of finding the man who had committed adultery with the woman who was brought before Jesus and publicly accused?

One of Jesus' deeds that scandalized others was having female disciples or followers.

In this respect, very little time has been dedicated to the study of the role of women in the Gospels, especially that of Mary.

In this respect, perhaps Saint John is the most daring evangelist when he presents Mary as accelerating the beginning of Jesus' public life. In the end, she is at the foot of the Cross where she hears these symbolic words: "Woman this is your son." But there are other women who play important roles in the life of the Church. The following are but a few examples:

The Samaritan woman announces and introduces faith in Jesus to her fellow townspeople (John 4:39-40). Martha and Mary are responsible for Jesus' major miracle: the resurrection of Lazarus (John 11: 21-30). Mary Magdalene was chosen to announce the resurrection of Jesus to the Apostles (John 20: 1-18).

Perhaps it would be necessary to add passages from the other Gospels to prove our point; but for now, these examples will suffice.

In reference to our previous question concerning Mary, it seems that God wishes to reveal Himself as belonging to not only the poor and the blind... but also, to the oppressed woman. For this task he chose a woman to be His instrument.

Several curious details seem to transgress the cultural logic of the time. A very good example of this is the genealogy of Jesus (Mt. 1: 1-17). The names of the women involved are completely forgotten, until it is time for the name of Mary to appear. She then outshines all others. Is this mere coincidence?

Even though women were kept on an inferior level at the time, God chose a woman not only to be His mother but also to be a symbol of liberation.

2. God is revealed through Mary

There is another facet of what has previously been presented. Mary, filled with God's grace, reflects His maternal qualities in her appearance. Since God is neither masculine nor feminine, He is superior to these differences and embodies every possible quality existent. His paternal features were outlined in the life and preaching of many prophets of the Old Testament. Now, with Mary, God seems to reveal His maternal features as well. Pope John Paul I, in his short pontificate, left us a phrase filled with tremendous symbolism: "God is Father, but, above all, He is Mother. Mary is the most perfect image of the maternal side of God."

Very possibly, the next few decades will offer us pro found thought and study on the following:

MARY WAS WOMAN, and, God chose her as His instrument to reveal Himself more completely to us.

CHAPTER XII

MARY, THE MODEL OF CHRISTIAN IDENTITY

1. "Blessed is she who believed that there would be a fulfillment of what was spoken to her from the Lord" (Luke 1: 45)

These words are spoken by St. Elizabeth to her cousin Mary. Mary visits Elizabeth to congratulate her on the forthcoming birth of Elizabeth's son, John the Baptist. The words of Elizabeth enlighten us as to Mary's way of thinking. The words are not simply those of Elizabeth, for it is the Holy Spirit that speaks through her.

Mary is not BLESSED solely for being the Mother of God; but even more so, for believing, trusting and hoping in God. She has lived in obscurity and silence the doctrine of the Kingdom announced by Jesus.

She is blessed because by being poor, God made her Mother of all the members of His Kingdom;

because by crying, God comforted her and presented her with her Risen Son;

because by being patient and silent, God has made her the most beloved and important woman on earth;

because by being with her Son on the cross, she thirsted for justice and was rewarded by seeing her Son carried up into heaven, victor over sin and death;

because by being kind hearted and compassionate, God made her immaculate;

because by being always pure of heart, God assumed her into heaven, so that she would be with Him and enjoy His presence, face to face;

because by being a humble and childlike peacemaker, God chose her as His Mother and also destined her to be mother of men and women of every race and native origin;

because by living and believing in the Beatitudes, she is BLESSED forever.

Mary, our Mother, is the only one who already rejoices in the full abundance of God's love and happiness.

CHAPTER XIII

MARY IN OUR HISTORY

1. Mary and the people

Throughout the history of the Church, specifically in Latin America, Mary has been the model of identity with Christ.

She has always been a model of strength and faith for us as we deal with the suffering of our own "desert".

Previously we spoke about the number of Marian shrines and sanctuaries that exist in Latin America and among Hispanics. But, let us now reflect more deeply and go one step further: What does Mary mean to us?

People have intuitively felt that through Mary, God Incarnate is present in the poor, the oppressed and the down trodden. Through her, God is present in everyone, especially in the millions of victims that live the mystery of life in darkness and oblivion in silence.

This is not just a nice way of putting it. Behind these words lie the history of our people's devotion to Mary.

If we review the different chronicles of the Marian shrines we find, that for the most part Church authorities have often shown opposition. But it is the humble people suffering oppression, that struggle and finally succeed.

It was a poor old man, as in the case of Our Lady of Altagracia, patroness of Santo Domingo; or some fishermen, witnessing the "Aparecida", patroness of Brazil; the spontaneous acclamation of everyone that joyously proclaimed the Virgin of Divine Providence, patroness of Puerto Rico; the dialogue with two Indians and a Creole, where Mary proclaims: "I am the Virgin of Charity", has led her to be patroness of the Cuban nation with the title: Our Lady of Charity of Cobre; the faith of an Indian nobleman is the beginning of the devotion to Our Lady of Coromoto, patroness of Venezuela; Mary is acclaimed as Our Lady of Mt. Carmel, in union with the liberation of the Chilean nation.

The history of the following nations is intertwined with Mary, under God's banner as Liberator. In Bolivia, the Virgin of Copacabana; in Argentina, the Virgin of Lujan; in Colombia, the Virgin of Chichinquiran; in Costa Rica, Our Lady of the Angels; in Ecuador, Our Lady of the Immaculate Heart of Mary; in El Salvador, Our Lady of Peace; in Guatemala, Our Lady of the Rosary; in Haiti, Our Lady of Perpetual Help; in Honduras, Our Lady of Suyapa; in Nicaragua, Our Lady of the Immaculate Conception; in Paraguay, Our Lady of the Caacupe; in Peru, Our Lady of the 33 Orientales; in Panama, Our Lady of the Assumption; in Spain, the Virgin of Pilar.

Perhaps the best example of this Woman, in her most perfect image of God as liberator, is Our Lady of Guadalupe, patroness of Mexico and of the Latin American continent.

The apparition of the Virgin of Guadalupe is a clear example of Mary as the woman who was again responsible for the incarnation of Jesus-liberator into the Latin American culture.

Juan Diego was the poor Indian who confronted the church and governmental authorities. Mary asks that a temple be built atop the ruins of a pagan temple that had been burned and destroyed. She asks this "in order to make known to the world all my love, compassion, assistance and protection... listening to their complaints, remedying their misery, troubles and sufferings". Mary's words, as related in the chronicle, are nothing more than a resonance, an echo of those that God spoke to Moses from the burning bush.

Mary's words convey God's message as Liberator, but this time with the gentleness of a Mother's voice. Through her, God reaches out to, touches and heals His people.

2. Mary as Evangelist

Affirming that Mary was the decisive factor in the evangelization of Latin American countries appears to be an exaggeration. However, having studied the history of these countries, such is quite clear. Our Lady of Guadalupe, among others, is a good example of this. Two aspects of the history of the evangelization of the continent viewed through the person of Mary will be considered.

Evangelization: a new birth

Our Lady of Guadalupe is a brown-skinned woman, having the same complexion as the natives. She reaches out to those who suffer in order to aid and comfort them. She is not an outsider; she belongs to their race. As a result, Jesus is not presented as a foreigner. Catholicism will no longer be just the customs and beliefs brought from Europe, but rather a living faith which blossoms from a new nation and an old culture. The Catholicism of the Old World will not annihilate the native culture but become a part of it.

A new brotherhood

The other evangelical characteristic of Mary, which is worthy of mention, is the image of her tenderness and compassion. Such an image awakens in those who contemplate it a feeling of understanding and fellowship.

There is no evidence of hate or revenge in her words. She appears as Mother: All are her children. Nevertheless, in a special way — she draws nearer to the "little" child, the poor, the oppressed . . . Doubtlessly the NEW RACE would never have come to be without the apparition of Guadalupe.

3. Mary present in the unique situation of the Hispanics in the United States.

This image of Mary, as Mother who is born into every race and presents her Son as being one with them, unites all men and women of different races to be one.

This situation is a reality for many in North America: not only for Hispanics, but for citizens of other races who have been born here and call themselves "Americans".

Today many Hispanics, due to a series of economical, political and sociological reasons, can be seen as that "little" child: poor and oppressed by racism and other forms of bondage.

In this instance, Mary once again is the MOTHER figure who inspires understanding and brotherhood. Some four hundred and fifty years ago, neither politics, war, nor violence could form a Nation; but, despite all difficulties, Mary established a family. Through her, the Catholic Church has grown throughout the Continent in all aspects, but most notably, in its solidarity.

This remarkable feeling of brotherhood is an outstanding characteristic of Catholicism in Latin American countries. Medellin and Puebla, two important events of modern time, are symbolic of the universality and brotherhood of Latin America. Both Medellin and Puebla focus more upon the problems and hopes of the continent itself in lieu of national and religious issues.

Different cultures exist in Latin America; but, there is a common bond that unites them: faith in the same Jesus born of the Blessed Virgin Mary.

The image of Mary which inspires brotherhood is of utmost importance in the United States. In the light of what has been presented, Hispanics should not be viewed as a threat to our culture. They challenge us to live in Christian fraternity; hence, there are no immigrants, only brothers and sisters.

Yes, we are presently living a moment in which our devotion to Mary is vital for so many reasons. Sad to say, our nation's admiration for Mary is undergoing a crisis, especially among Hispanics. There are many reasons: the propaganda of those converted to other faiths; certain homilies that present Mary as simply being a resigned and alienated woman; a society that has overemphasized the value of sex. . . We must remember the Woman who knew how to make decisions, saying "YES" to God and becoming His instrument. Through her, God shows us His mercy and goodness.

It is necessary for Hispanics, Americans and those of any other race to be able to sit at the same table like true brethren united by the Mother of all nations.

Jesus must once again be born into the NEW RACE, composed of so many nations. Our faith in Him should conquer the differences of language, color and culture and become a profound experience that unites us as A FAMILY.

Mary, Model of the Christian Person

1. Meet in groups of three persons and compare Mary's life with the beatitudes as they are narrated in Matt. 5, 1-16.

   Spend approximately 25 minutes in this work.

   Guided discussion: Share with the entire group what was discussed in the small groups.

2. *Celebration of the Word*

   Reading: Matt. 5, 1-16

CHAPTER XIV

MARY'S ALTERNATIVE

Mary is not only the Galilean Woman of exceptional qualities that left this earth almost two thousand years ago; nor is she simply a topic of inquiry and discussion. She is a model that challenges us to lead a life of hope.

1. The great promise of our civilization

Each period of time tends to "sell" its recipe for a life of happiness to everyone. Ours is no exception.

What image of happiness does our civilization offer us? TO BE HAPPY = TO POSSESS.

It might be difficult to accept this feasibility; yet, this is what we are "sold" through the use of mass media. Our culture understands this and expresses it very wisely in the saying: "Tell me what you have and I will tell you what you are worth."

Nonetheless, what does our society invite us to possess, consume and HAVE? It can be summed up in three key words: MATERIAL THINGS, LIBERTY and LOVE.

2. Can material things and money make us happy?

How many times do we think the following: "If I had... If I were rich... If I could buy..." Behind those dotted lines the word HAPPINESS is hidden... I would be happy.

Our society has invented thousands of devices, things and methods of making us desire what is useless, even what is evil.

We should sincerely question whether having material things ever made us happy.

How many times does the young couple think in these terms: "If we only had a car..." But when they do acquire one, are they any happier for it?

The adolescent girl passes by the windows of a store, and sees a beautiful dress... "If I could only buy it..." Once she has it and has worn it two or three times, it remains forgotten in her closet. It did not make her happy; yet, she now desires something else that promises her happiness. No, this promise of material possession does not make us any happier. On the contrary, it produces a feeling of anxiety, dissatisfaction, and deception.

Mary, that young poor girl, possesses nothing; yet, she leaves all when she accepts to be the "handmaid of the Lord." In choosing not to have, she always possessed what we all desire: HAPPINESS.

Freed from all material ties, she enters into the mystery of God. Since she is the "Handmaid of the Lord" who possesses nothing and since God sees her "simplicity", she is able to exclaim with joy: *"All generations will call me BLESSED."*

Mary presents us with a distinct alternative contrary to that of our society. She chooses poverty, detachment, EXISTING for God alone. As a result, she finds herself in possession of a far greater happiness that transcends all else. For this reason, all generation will call her BLESSED.

3. The promise of absolute freedom as the fountain of happiness

The second great promise is: TO BE FREE. Liberty is valued highly by all; but, what kind of liberty is being "sold" today. It is a liberty aligned with ambition. Very often we confuse being free with possessing things: to have a car, an apartment, spending money. These things eventually enslave us. We live for them and they often produce what is so contrary to happiness: loneliness. Mary understands liberty in a very different way. Her goal is not to have in order to do whatever she wants. She decides to renounce everything and expresses her freedom with these words: "Let it be done to me as you say." Paradoxically, she then is free. This pure freedom is of one who possesses nothing, of one who became "the Servant of the Lord." It is a freedom that does not consist in having things, rather, BEING faithful to oneself and to Him who is FREEDOM.

Mary, now a free Woman, abandons herself to God and is led by faith to live the joy of a life of hope. She will live the solitude of her virginity in order to experience complete UNION with the only One who is able to offer the fullness of love.

Once again, because she selects a different path to follow, she chooses another alternative. She did not chose to HAVE freedom, but TO BE free saying:

> "My being proclaims the greatness of the Lord, my spirit finds joy in God my savior."

4. The promise of love

This is the third big promise and the one that appears to be definite. Someone who is in love sings, dreams, does things... hoping to be able to experience the fullness of love one day. It promises to make us happy.

What kind of love is being offered to us here?

It is a love that is not a promise, nor fidelity, but rather *craving* and yearning for satisfaction.

It is a love that is sexually commercialized, only to be come sterile.

Today, if a person reaches the age of twenty without ever having "made love", then he or she is considered repressed, old fashioned, lacking experience… even at times, called a “dummy”, or “ingenuous”.

Love can be something very different from sex. It is very possible for sex to exist without love. It is also very possible for two people to love each other without indulging in a sexual relationship.

Miriam, the young virgin, does not go around looking for love; she simply gives herself to the Father and He becomes her gift. Here she found the joy and happiness that led her to recognize that “God had done wonderful things in her.” This is the expression of someone who had found love. God did not bestow these gifts on her so that she could HAVE them. They transformed her and made her BECOME a faithful and happy woman.

Yes, if we take Mary seriously, she presents an alternative: a very distinct way of focusing on life. It allows us to possess what our society tries to “sell” us, only deceiving those who are too ignorant to “see”.

CHAPTER XV

MARY DENOUNCES INJUSTICE

Mary's experience of peace and happiness leads her to denounce all that history offered as ideal.

> "He has deposed the mighty from their thrones and raised the lowly to high places."

Coming from a poor girl, these words impress us as being harsh and tragically meaningful. No, the rich will never be happy with their "thrones" and their money. In turn, they will increasingly become more ambitious and miser able in direct proportion to the progression of their ambition. This ambition is expressed in HAVING money and power.

While competing for these privileges, the rich frequently find themselves obliged to oppress and cheat others. They will eventually forget their brother in need, and little by little, they will become incapable of living the joy of SHARING. Instead of seeing others as brothers and sisters, others become merely prospective clients.

> "The hungry he has given every good thing, while the rich he has sent empty away."

These words do not merely carry a sign of condemnation; they also symbolize hope for millions abandoned to a life of misery without the means of maintaining their families.

Let us not forget that these words also condemn those who believe they have acquired everything at the expense of justice through an accumulation of money and material goods... According to Mary they will be sent EMPTY away.

Yes, Mary's life is a denouncement of injustice and a symbol of hope for the poor and the oppressed.

Dom Helder Camara expresses this in the following manner:

Mary, Mother of Christ and Mother
of the Church, as we prepare
ourselves to continue, lengthen
and perfect our mission of
evangelization, our thoughts turn to you.
We think of you in a very special way
for being the inspiration
of the hymn of gratitude
that was first uttered
when you met your cousin Elizabeth,
mother of John the Baptist,
who then proclaimed you

blest among women.
You disregarded your own happiness
thinking of the entire human race.
You thought of us all.
You clearly opted in favor of the
poor, such as your Son did later on.
What is it about you, your words,
your voice, when you proclaim
in the Magnificat,
that the mighty will be dethroned,
the lowly raised to high places,
the hungry will be satisfied
and the rich sent away empty,
that no one dares to call you
a revolutionary or look upon
you with suspicion.
Join your voice to ours
in song!
Beseech your Son to fulfill
in us, the will of the Father.

CHAPTER XVI

MARY, OUR HOPE

We live in a world that anxiously searches for hope, but more often than not, encounters only frustration and fear.

Our world places its hope on things, freedoms, love... but how much emptiness, attachments, frustrations and loneliness are experienced. Yes, at times we search unknowingly for HOPE; but, we are only fooling ourselves.

A few years ago, men placed their hopes in political leaders, scientists, on voyages to outer space on so many things!

Today, man expresses massive skepticism. Society reflects only pale and disappointed faces representative of all ages. Perhaps those most affected are today's youth. Why think of the future? Unemployment is rampant. The ideal of fraternity in our society, once hidden under false masks, is now seen as it really is: that of competition. Peace is more a focal point of political speeches than a reality. Such is evidenced by the fact that war is witnessed in different parts of the world, violence is more and more present; in justice, racism, and millions of deaths caused by starvation are part of what is considered the established norms of society.

These signs of injustice that several decades ago impelled our young people to protest, are now viewed with indifference. The world now prefers to live only the present moment. It chooses to get the most out of every moment of pleasure, instead of accepting the challenges of a sacrifice, which today are considered foolish.

Yes, little by little, our world has lost all hope. When such is the case, we loose respect for all human values as well as the joy and illusion of living a responsible and honest life.

Our civilization offers a grim picture of society. Many starve in despair while others, a little better off, agonize without hope.

In such a world, the figure of Mary is our only promise of HOPE. This might seem a bit too pious in the midst of so many overwhelming obstacles. This is not so.

There is no hope without faith. Mary is seen as the person who is happy since she BELIEVES.

There is no hope without a love capable of self-surrender, sacrifice and sharing . . . Mary is the Woman who has been emptied of all but remains open; poor, but filled with love of God.

The million and one forms of slavery that wait to ensnare us, kill all hope. Mary accepts an original form of bondage: being the "handmaid of the Lord." She lives the joy of knowing that she will triumph; *for this reason, all generations will call her blessed.*

No hope or joy exists when we feel ourselves inwardly unclean, controlled by our faults to the extent of loosing all hope of being pure. Mary appears on the horizon of our future as the Immaculate Conception, as a symbol and challenge for us to one day be like her.

It is impossible for hope to thrive in an environment in which the threat of death appears imminent.

Mary is the woman who knew how to walk silently through the desert of life in the face of mystery. She knew how to suffer without ever experiencing alienation. As the young Miriam who accepted an incomprehensible maternity, and as Miriam, Mother, who held her dead Son in her arms, she was able to both look to the world in order to accept the covenant she made with God, and to Heaven, in her search for HOPE.

Yes, she has conquered. Now she is the New Woman assumed into Heaven, where the promise and hope of a new life have been transformed into a sharing of God's total HAPPINESS.

Mary is our hope; she represents, not death, but LIFE.

She is not alienated from us; she is by our side. She AWAITS us.

Mary, Mother of Hope

1. *Guided discussion:*

a) Before Jesus died, He entrusted Mary to us as our mother.

In what sense and for what reason?

What is the role of the mother in the family?

b) At the wedding of Cana, Mary interceded so that Jesus would work the miracle and "anticipate" the "hour" of Jesus. After this miracle, we are told the disciples believed in Him.

Did Mary influence the faith of the disciples? How?

Today, in the same way, can Mary influence our faith in Jesus?

c) It is two thousand years that Mary incarnated the Christian faith in a world in which a few accept the faith and the rest reject it.

In what sense can we say that Mary incarnated the Christian faith in the history, culture and hearts of Latin America?

Could she do it again in the new situation of the Hispanics in the United States?

2. *Celebration of the Word*

Reading: John 2, 1-11

CHAPTER XVII

MOTHER OF A NEW RACE

Mother of all nations, please look favorably upon your Hispanic people who find themselves in the United States.

We are as poor as you.

We too experience the effects of immigration and the persecution of "modern-day Herods."

Many of us live in oppression, injustice and know what it is to be despised as you once were.

But we are not like you:

In face of the mystery of pain, we often search for the evasive lure of pleasure.

In face of our call to also be "servants of the Lord", we often find ourselves victims of ambition and the pursuit of material goods.

We lead a hard life, but it is caused by separating our selves from "the God that saves us."

Look at our homes... so many broken ones!

Look at our children... so many lacking their fathers... brought up on the streets!

Look at our women... thousands of women who live their maternity in a life of loneliness.

Look at our elderly, especially those who suffer a life of loneliness, victims of our ungratefulness after they have sacrificed themselves for us without measure.

Look at all those unborn children, deprived of the right to be born, of BEING HISPANICS: already rejected be fore birth.

Look at us all: look at our HISPANIC NATION.

At times, the sensation of our people being lost and doomed to destruction prevails, eliminating all possibility of HOPE.

Approximately four hundred and fifty years ago, our fore fathers also suffered the effects of oppression and destruction. Above all, they lacked all hope.

But you came and spoke to one of ours — Juan Diego— in order to show him what he possessed of God's goodness, love and purity: HOPE.

It was time for the birth of a NEW RACE. Through you, your Son Jesus became present in their lives.

Once again a NEW RACE is being born. Once again our people are living the painful trauma of being born.

We do not want to be assimilated; we do not want to be an aborted race, we want to be born, be accepted.

We do not want to live divided. We desperately need to share our newborn life in fraternity.

We do not want to be oppressed; nor exploited, nor discriminated against... we wish to be respected, not for what we possess, but for God's presence in our lives.

We do not want to become part of a society based on material possession, a society that thirsts in the desert.. . We want to walk ever beholding the horizon of the Promised Land: OUR ASSUMPTION. We want to firmly stamp the impression of our covenant in the dry sand.

You were called Miriam when you gave birth to Jesus in Bethlehem.

Today we call you Guadalupe, for giving birth to Him in our forefathers.

We beseech you to once again give birth to Jesus in our NEW RACE.

Once again announce, in our history, the Good News of your Son. Allow yourself to be called HOPE by this new race.

Para una mayor profundización de estos temas solicite

MIRIAM, LA MUJER GALILEA

Folleto bilingüe y cassette

para compartir en pequeños grupos.

OTRAS OBRAS DE J. JUAN DIAZ VILAR, S.J.

Buscando Nuestra Identidad
Tercera Edición. 95 páginas. New York, 1987.

El Dios de Nuestros Padres
Tercera Edición. 213 páginas. New York, 1985.

Un Encuentro en el Camino
96 páginas. New York, 1985.

Hoy También es Navidad
Segunda Edición. 64 páginas. Guatemala, 1995.

Parroquia Comunidad Misionera
64 páginas. New York, 1983.

Las Sectas
Cuarta Edición. 160 páginas. New York, 1996

Religious Sects
128 páginas. New York, 1992

María Canta la Esperanza
Quinta Edición. 64 páginas. New York, 1988

Doña Petra y sus Rebeldías Contra la Iglesia
Quinta Edición. 64 páginas. New York, 1989.

La Voz de los Profetas
64 páginas. New York, 1992

Doña Petra se Hace Testigo de Jehová
Quinta Edición. 64 páginas. New York, 1997

Nuestro Hermano Jesús
160 páginas. New York, 1994

Lupita
Novela. 160 páginas. New York, 1996

Servir Como Jesús
Cuarta Edición. 160 páginas. New York, 1997

J. Juan Díaz Vilar, S.J.
ST. PETER'S COLLEGE
50 Glenwood Avenue
Jersey City, N.J. 07306
Fax 201-938-2843

Un Ministro de Esperanza

Tel. 888-746-1852